MARIE CHAPIAN

DU BIST EINE

Königstochter

Liebesbriefe von deinem Gott

Aus dem Amerikanischen von Eva-Maria Admiral

BRUNNEN
Verlag GmbH · Giessen

Marie Chapian ist Bestsellerautorin,
u. a. von RUHE FINDEN, KRAFT FINDEN, ZEIT FINDEN FÜR MICH,
die zusammen 10.000-mal verkauft wurden
und hier nun neu gestaltet erscheinen.
Bücher von Marie Chapian wurden in 17 Sprachen übersetzt
und sie wurde u. a. für den Pulitzerpreis nominiert.

Originalausgabe Copyright © 2016 Marie Chapian
Titel der amerikanischen Ausgabe: Discovering Joy

Die Bibelstellen sind der Lutherbibel sowie der Übersetzung
Hoffnung für alle®. Copyright 1983, 1996, 2002, 2015 by
Biblica Inc. ®. Verwendet mit freundlicher Genehmigung von
Fontis – Brunnen Basel. Alle weiteren Rechte vorbehalten.
Die Bibel nach Martin Luthers Übersetzung, revidiert 2017,
© 2016 Deutsche Bibelgesellschaft, Stuttgart

5. Auflage 2023

© 2017 Brunnen Verlag GmbH
Umschlaggestaltung: Daniela Sprenger
Satz: DTP Brunnen
Druck: CPI Books GmbH, Leck
ISBN 978-3-7655-4326-5

www.brunnen-verlag.de

Inhalt

Du bist wunderschön 8

Du kannst mir vertrauen 10

Ich kämpfe für dich 12

Ich werde dich nicht fallen lassen................................. 14

Komm zurück zur Liebe... 16

Entdecke die Freude 18

Ich bringe dich ans Ziel... 20

Setze dein Vertrauen in mich.. 22

Suche mich im Glauben 24

Wir gehören zusammen... 26

Erzähle von meiner Liebe... 28

Ich bin alles, was du brauchst....................................... 30

Sei gut zu deinem Körper 32

Sorge für deinen Körper 34

Gib nicht auf 36

Ich kenne dein Herz 38

Bei mir findest du Anerkennung................................... 40

Ich liebe die Musik deines Herzens.............................. 42

Ich bin bei dir... 44

Mein Reichtum währt ewig.. 46

Rede mit Bedacht... 48

Ich gebe dir, was du brauchst 50

Sei frei 52

Lass die Menschen erfahren, wer ich bin 54
Willst du in der Liebe leben? 56
Werde lebendig in mir 58
Suche mich in der Stille 60
Genieße die Schöpfung 62
Du musst nicht zittern 64
Ich schütze dich 66
Nimm dein Leiden an 68
Vertraue mir alles an 70
Mit mir bist du stark 72
Übersieh mich nicht 74
Quäle dich nicht 76
Schränke mich nicht ein 78
Du bist mir eine Freude 80
Lass mich deine Hand halten 82
Wertvolle Momente mit dir 84
Ich vergebe dir 86
Empfange Freude und Frieden 88
Lebe mit gutem Gewissen 90
Du kannst in Frieden leben 92
Ich bin dein Gewinn 94
Ein Mund voller Lachen 96
Ich bin für immer dein 98
Bei mir findest du Schutz 100
Erlaube mir, deinen Verstand zu regieren 102
Ich habe dich mit Stärke ausgerüstet 104
Du bist für dein Tun verantwortlich 106
Ich antworte dir, 0versprochen 108
Nimm deine Freunde wichtig 110

Beherrsche dich.. 112

Es gibt Hoffnung.. 114

Strebe nach Weisheit.. 116

Streue den guten Samen 118

Bleibe im Licht 120

Liebe das Leben 122

Lass ab vom Streit... 124

Ich komme mit dir zum Ziel 126

Lebe bewusst.. 128

Ich habe Großes mit dir vor... 130

Liebe deine Familie 132

Ich schenke dir Kraft 134

Ich habe alles im Blick 136

Ich habe dich berufen... 138

Nimm meine Liebe an 140

Ich bin dein Leben 142

Entdecke meinen Willen.. 144

Ehre mich mit allem, was du tust............................... 146

Ein Licht in der Welt.. 148

Gib mir deine Lasten... 150

Nah bei mir 152

Kennst du meine Worte?.. 154

Mein Wort bleibt 156

Strahle meine Liebe aus... 158

Ich will dir Weisheit geben 160

Lass meinen Geist in dir wirken 162

Zeige Mitgefühl 164

Glaube an meine grenzenlose Macht.......................... 166

Auch in schweren Zeiten bin ich dir nah................... 168

Hilf anderen ihre Lasten zu tragen 170

Komm zur Ruhe 172

Lebe im Heute 174

Preise mich 176

Ich habe dir das Leben gegeben 178

Zeige mir deine Wunden 180

Ich halte dich 182

Freue dich 184

Sorge für Leib, Seele und Geist 186

Bibelstellenregister 188

Du bist wunderschön

Siehe, meine Freundin, du bist schön!
Siehe, schön bist du!

Hoheslied 4,1a

Innere Schönheit kann wohl eine Zeit lang vorgetäuscht werden. Aber dann geht dein Temperament mit dir durch, du schnappst um dich oder schnappst ein wie jemand, der ohne Hoffnung ist.

Du entschuldigst dich damit, „heute eben müde" zu sein.

Meine Schönheit in dir währt ewig, unzerstörbar ist sie und herrlich. Nichts kann ihr schaden.

Kein Moment der Aufregung kann ihre Süße zerstören. Kein Ärger kann ihr die Ruhe nehmen.

Deine Schönheit ist wie ein Spiegel all der Momente und Stunden, die du mit mir verbracht hast. Du bist für mich schön.

Sprüche 31,30; Hoheslied 4,7; 1. Korinther 13,12

Du kannst mir vertrauen

Die auf den Herrn hoffen,
werden nicht fallen,
sondern ewig bleiben wie der Berg Zion.

Psalm 125,1

Wenn du keinem Menschen vertraust, warum sollte ein anderer Mensch dann dir vertrauen? Manchmal, ganz im Geheimen, vertraust du mir auch nicht.

Immer und immer wieder hältst du in deiner Umgebung nach Zeichen Ausschau – nach Gesten der Hingabe, nach bestimmten Worten, von denen du hoffst, dass sie wahr seien. Was erhoffst du dir davon?

Viele religiöse Menschen spielen eine fromme Rolle, wie Schauspieler auf der Bühne. Lass dich nicht in Versuchung führen mitzuspielen.

Bleibe du mit beiden Füßen fest auf meinem heiligen Berg stehen, mit reinen Händen und einem reinen Herzen, das auf mich traut.

Du wirst nie einem anderen Menschen vertrauen und du wirst auch nie dir selbst vertrauen, bis du das gelernt hast: mir zu vertrauen.

Sprüche 3,5; Sprüche 29,25; Psalm 24,1-6

Ich kämpfe für dich

Siehe, wenn man kämpft, dann kommt es
nicht von mir; wer gegen dich streitet, wird
im Kampf gegen dich fallen. Keiner Waffe,
die gegen dich bereitet wird, soll es gelingen,
und jede Zunge, die sich zum
Rechtsstreit gegen dich erhebt,
sollst du schuldig sprechen.

Jesaja 54,15.17a

Wie steht es mit den Feinden?

Wer meint, mit dem Finger auf die Auserwählten Gottes zeigen zu können? Wer wagt es, mit böser Zunge von meinen Auserwählten zu reden?

Wenn du mich vor dich stellst, musst du nicht kämpfen gegen Worte, die provozieren.

Wenn Menschen dir Beleidigungen an den Kopf werfen,

dich voller Sarkasmus kritisieren oder dich lächerlich machen wollen – muss dich das kümmern?

Meine Tochter, ich bin Stärke, Weisheit und Kraft.

Ich kümmere mich. Ich helfe dir, über Spott erhaben zu sein.
Ich bin dir Schutz, Stärke und Verteidigung. Ich freue mich, wenn das dein Herz dankbar, ruhig und froh macht und du mir Loblieder singst.

Du hast meine Liebe und Anerkennung. Mehr brauchst du nicht.

Jeremia 32,17.27; Psalm 59,8-11

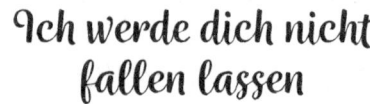

Ich werde dich nicht fallen lassen

Das habe ich euch gesagt,
auf dass meine Freude in euch sei
und eure Freude vollkommen werde.

Johannes 15,11

Wenn du dich für einen Moment von mir abwendest, kann das sein wie eine jahrelange Reise in die Ferne.

Wenn du sehnsüchtig in eine andere Richtung blickst, dein Mund nach verbotener Frucht sucht, wenn du eine süße Versuchung genießen willst, dabei vergisst, dass der Topf glühend heiß ist, dann verbrennst du dich. Du fragst mich dann: „Warum?"

Mein geliebtes Kind, ich sage dir:

Du bist mein, und du wirst immer mein sein.

Ich werde dich niemals fallen lassen. Ich werde mein Angesicht nie von dir abwenden, ich werde dich niemals im Stich lassen. Du kannst mich nicht erschüttern. Ich habe Geduld mit dir und gebe dich niemals auf.

Mein Wunsch, meine tiefste Sehnsucht ist es, dein Herz von all dem Verlangen befreit zu sehen, das dich verbrennen und vernarben wird. Ich möchte dich frei sehen, im Schutz des himmlischen Lichts, erleuchtet von meiner endlosen Liebe.

Du bist nicht für den Schmutz dieses Lebens geboren, sondern für seine Schönheit. Du wurdest geboren, um zu lieben und zu leben – um Freude zu entdecken.

Johannes 16,1; Johannes 16,33

Komm zurück zur Liebe

Seid stille und erkennet, dass ich Gott bin!

Psalm 46,11a

Tut nun Buße und bekehrt euch, dass eure
Sünden getilgt werden, auf dass Zeiten der
Erquickung kommen von dem Angesicht des
Herrn und er den sende, den er für euch
zum Christus bestimmt hat: Jesus.

Apostelgeschichte 3,19-20

Warum läufst du vor mir weg? Du flüchtest dich in die trostlose Nacht der Furcht, du zitterst vor den Schatten und meinst dort Feinde zu sehen.

Ich schicke dir keine Schrecken der Hölle. Ich habe für dich keine nebeligen, dunklen Wege bereitet, wo du über finstere Schlaglöcher stolperst, wo du verschluckt wirst von anderen um dich herum oder von deiner Arbeit.

Nicht ich bin es, der dich auf diese Wege der verwirrten Gefühle führt. Die Liebe führt nicht in die Irre, frisst dich nicht auf, stellt keine unmöglichen Ansprüche. Die Liebe verbrennt die Seele nicht mit untragbaren Schwierigkeiten.

Die Liebe befreit, erneuert, belebt, gibt Kraft.
Ich bin deine Liebe. Komm zurück!

Psalm 46,2-4; Psalm 40,2-3; Psalm 17,8

Entdecke die Freude

Hebt eure Augen auf gen Himmel und schaut unten auf die Erde! Denn der Himmel wird wie ein Rauch vergehen und die Erde wie ein Kleid zerfallen, und die darauf wohnen, werden wie Mücken dahinsterben. Aber mein Heil bleibt ewiglich, und meine Gerechtigkeit wird nicht zerbrechen.

Jesaja 51,6

Es ist nicht gut, niedergeschlagen zu sein. Das kommt nicht von mir.

In jedem Unrecht, das du erleidest, wirst du – nah bei mir – auch etwas Süßes schmecken, das Bittere bleibt nicht einfach bitter. Es wird von mir verwandelt und du merkst: Für mich bist du wertvoll und ich liebe dich. Schau auf mich.

Wenn andere nicht so leben, wie du es gerne sehen würdest, dann lass das meine Sorge sein. Schau auf mich.

Schätze dich selbst nicht höher ein als du bist. Stolz bringt dich nicht weiter. Du bist ein menschliches Wesen. Ich bin Gott. Ich kann nicht versagen. Schau auf mich.

Ich werde dich niemals im Stich lassen. Du wirst erleben, was ich für dich vorbereitet habe: Deine Erfahrungen sind mir wichtig. Dein Herz ist rein und heilig, wenn du mit mir eins bist.

Mein Geist kann jedes Detail von jedem Versprechen, das ich gegeben habe, erfüllen.

Entdecke die Freude, die darin liegt, mir zu vertrauen.
Freue dich, geliebte Tochter: Ich liebe dich.

Psalm 43,5; Jeremia 31,3; Römer 15,14-15

Ich bringe dich ans Ziel

Und er sprach zu mir:
Es ist geschehen. Ich bin das A und das O,
der Anfang und das Ende.
Ich will dem Durstigen geben von der
Quelle des lebendigen Wassers umsonst.

Offenbarung 21,6

Ich bin der Anfang. Ich bin das Ende. Du sorgst dich sehr um die Anfänge. Aber willst du auch das Ende erreichen?

Alpha zu Beginn, Omega am Ende bedeutet, dass ich dein Alles-in-allem bin.

Möchtest du ein „Alpha-Mensch" bleiben – immer am Anfang des Glaubens? Das ist wohl ein sicherer Ort: Du sagst, dass du mir glaubst, du streitest für die Wahrheit, aber du bewegst dich nicht weiter.

Ich sage dir: Gehe vorwärts! Spüre den Wind der Veränderung, wage etwas, und du wirst Siege mit mir erleben!

Ich bin der Vollender, das Omega. Wende deinen Blick weg von der Startlinie und hin zu dem, was vor dir liegt – auf den reifen Glauben, der am Ende auf dich wartet.

Lerne von mir. Nimm mein Wort auf. Bleibe immer in Verbindung mit mir. Ich bin deine Gesundheit, deine Kraft: Ich bringe dich ans Ziel. Und das Ziel ist wahrlich nicht das Ende aller Dinge; das ist nicht etwa der Ort, an dem du zusammenbrichst, leer, völlig am Ende.

Das Ziel ist der Ort, an dem du mir gerne gestattest, ganz mit dir zu leben.

Das Ziel sind: neue Entdeckungen, neue Siege, neue, heilige Aufgaben.

Meine „Omega-Nachfolger" sind die, die in reifem Glauben und Vertrauen vorwärts gehen.

Hebräer 12,2; Prediger 7,8; Jesaja 42,9

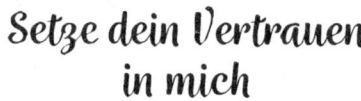

Setze dein Vertrauen in mich

Aber ich achte mein Leben nicht der Rede wert, wenn ich nur meinen Lauf vollende und das Amt ausrichte, das ich von dem Herrn Jesus empfangen habe, zu bezeugen das Evangelium von der Gnade Gottes.

Apostelgeschichte 20,24

Der reife Glaube – das ist der „Omega-Glaube"; der reife Glaube ist ein Leben in der Kraft, die ich dir gebe. Wenn du oft weinst, den Kopf hängen lässt, jammerst – welche Auswirkung hat sie dann, deine Gabe des Glaubens? Du versteckst deine Kraft und benutzt sie nicht.

Ich sage dir heute: Nutze die Kraft, die ich dir gegeben habe. Mache deinen Glauben zu der Kraft, die dich ganz in Einklang bringt mit mir. Sei heil, im Namen meines Sohnes, Jesus. Lebe im Omega deines Glaubens, wo es kein Jammern in der Niederlage gibt, nur ein erfolgreiches Üben im Überwinden.

Entdecke die Freude in allen Dingen!

Geliebte Tochter, setze dein Vertrauen in mich, und erzähle allen von meinen Taten. Das macht mir Freude. Denn es gibt für meine Kinder keinen Grund zu verzweifeln, sich zu ängstigen oder sich Angst einjagenden Vorstellungen hinzugeben. Geh vorwärts, über den Alpha-Glauben hinaus, und begegne deinem Frieden, deinem wahren Selbst in mir – am Ziel, beim Omega deines Glaubens.

Offenbarung 1,6-7a; Kolosser 1,10 -12; Kolosser 2,9-10; Psalm 73,28; 2.Timotheus 4,7-8

Suche mich im Glauben

Aber ohne Glauben ist's unmöglich,
Gott zu gefallen; denn wer zu Gott kommen will,
der muss glauben, dass er ist und dass er
denen, die ihn suchen, ihren Lohn gibt.

Hebräer 11,6

Steh auf und nimm deinen Platz ein. Tu das Werk, zu dem ich dich berufen habe.

Reiß die Festungen nieder – sei tapfer, sei stark.

Lass mich dich lehren,
wie du meinen Willen tun kannst.

Lass mich die Liebe und die Freude sein,
die dir die Kraft gibt zu handeln.

Und Schönheit ist dein. Kraft ist dein und der Friede, der all unser Verstehen und all unsere Vernunft übersteigt.

Erwache; suche mich im Glauben.

Jetzt ist die Zeit.

Psalm 143,10; Philipper 4,7; Matthäus 7,7-8

Wir gehören zusammen

Ich rufe zu Gott, dem Allerhöchsten, zu Gott,
der meine Sache zum guten Ende führt.

Psalm 57, 3

Ich bin mit dir. Ich verlasse dich nicht: Wir gehören zusammen.

Aber du suchst deine Erfüllung bei Menschen. Ich möchte, dass du deine Erfüllung in mir findest. Dann kann ich auch deine Beziehungen zu Menschen segnen.

Diese Vergnügungen, die dich in Versuchung führen, die dir Höhenflüge versprechen – sie bleiben oft sehr flach. Wenn du solche „Höhen" erlebst, dann stößt du schnell auf den Boden leerer Dinge.

Mein Kind, lebe, wo ich lebe, höre meine Stimme, lerne mich immer tiefer kennen, freue dich an mir. Denke meine Gedanken, mache dich mit ihnen vertraut.

Es gibt nichts, was ich nicht aus Liebe tue; ich halte meine Liebe nicht zurück.

Lebe mit mir, jenseits der leeren Versprechungen! Strecke dich mutig aus. Wenn du fliegen willst – komm! Erlebe wahre Höhen mit mir.

Psalm 57,3-4; Johannes 10,3; Johannes 15,4

Erzähle von meiner Liebe

Der Geist Gottes des Herrn ist auf mir,
weil der Herr mich gesalbt hat.
Er hat mich gesandt,
den Elenden gute Botschaft zu bringen,
die zerbrochenen Herzen zu verbinden,
zu verkündigen den Gefangenen die Freiheit,
den Gebundenen, dass sie frei
und ledig sein sollen.

Jesaja 61,1

Ich habe dich auserwählt, meine Liebe durch Christus zu erfahren und anderen von meiner Liebe zu erzählen. Du hast viel zu lernen. Nein, ich mache da keinen Fehler: Dein Leben ist meine Botschaft.

Diese Welt hat Sehnsucht nach Liebe. Sie sucht an steinernen, dunklen und trostlosen Orten.

Menschen sterben einsam. Sie rufen – und stoßen auf taube Ohren. Sie strecken sich aus – und finden Arme, die nicht trösten können. Sie bleiben ungesehen, ungehört, unerkannt, ungeliebt.

Ich bin nicht nur der Erlöser, ich bin das Leben.

Ich bin wahrhaftig und vertrauenswürdig, ich liebe und höre nicht auf zu lieben.

Und du, mein auserwählter Mensch, du meine Tochter, wirst mein Herz immer besser kennen und viele Menschen bewegen. Vertraue mir. Vertraue mir! Ich lebe in dir.

Johannes 1,4; Jesaja 26,4

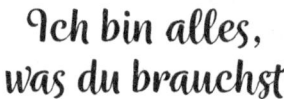

Ich bin alles, was du brauchst

Denn Christus ist mein Leben,
und Sterben ist mein Gewinn.

Philipper 1,21

Wenn du nur Ausschau hältst nach Segnungen, nur nach Gebetserhörungen als Versicherung meiner Liebe, dann schränkst du deine Erfahrung mit mir, deinem Gott, ein.

Mein Geschenk an dich umfasst alle Strophen im Gedicht des Lebens.

Mein Geschenk an dich umfasst alle Musik, auch die Missklänge und die Abschnitte, die schwer sind und tragisch. Wenn du dir von deinen Gebeten und deinem Dienst nur weltlichen Segen und Belohnungen erhoffst, dann wird die Entmutigung dein Wegbegleiter sein.

Kannst du auch in den steinigen Wegen des Lebens etwas Wertvolles sehen, so wie du im Sonnenschein und in den Blumen etwas Wertvolles siehst? Mein Geist ist größer als die Welt um dich herum.

Ich möchte dir die ganze Weite des Lebens schenken, aber du missverstehst manches: Zeiten der Prüfung können dir zum Geschenk werden und dich mehr und mehr zum Guten verändern. Weiche vor Schwierigem nicht zurück. Ich bin dein Fels und dein Zufluchtsort, deine schützende Festung, deine Burg.

Verlass dich nicht auf diese Welt, um deine Bedürfnisse zu stillen. Meine geliebte Tochter, ich bin all das, was du brauchst und möchtest.

Hosea 14,4; Psalm 91,9; 1. Johannes 4,4; Jakobus 1,2–3; 2. Samuel 22,2; Psalm 71,1

Sei gut zu deinem Körper

Er sandte sein Wort und machte sie gesund
und errettete sie, dass sie nicht starben.

Psalm 107,20

Gesundheit ist mein Geschenk. Ich möchte, dass du gut bist zu deinem Körper.

Manche meiner Kinder kämpfen täglich um ihre Kraft. Sie kämpfen mit Krankheit und körperlichen Grenzen. Meine verwundeten Kinder sind mein Augapfel, und mein Geist ist bei ihnen in ihrem Schmerz.

Versorge deinen Körper: Sorge für deinen Körper, wie ich für dich sorge.

Manche Menschen haben am Tag nur eine Handvoll zu essen. Den Luxus der Auswahl kennen sie nicht. Du kannst dich entscheiden, deinen Körper gut zu behandeln:

**Sei weise, habe ein gesundes Maß an Essen,
an Bewegung, an Schlaf.**

Sprüche 4,20-22; 1. Korinther 10,31; Jakobus 1,5

Sorge für deinen Körper

Wisst ihr nicht, dass euer Leib
ein Tempel des Heiligen Geistes ist,
der in euch ist und den ihr von Gott habt,
und dass ihr nicht euch selbst gehört?

1. Korinther 6,19

**Halte den Tempel, in dem ich wohne, rein,
indem du ihn liebevoll und sorgsam pflegst.**

Ich habe viele Aufgaben für dich und viele Wege, die du gehen sollst. Achte deine Berufung niemals gering. Selbst in deiner Krankheit regiere ich souverän. Selbst in deiner Schwachheit bin ich stark.

Ich bin mit dir – an allen Tagen, wie es dir auch gerade gehen mag: wenn du erschöpft bist oder voller Vitalität, wenn du hungrig bist oder satt und zufrieden, wenn du Schmerz spürst oder Freude.

Sei gut zu deinem Körper: Verachte ihn nicht. Beschimpfe ihn nicht. Respektiere ihn. Lerne, was er braucht, damit er dir dienen kann.

Dein Körper ist nicht dein Feind. Ich werde dir zeigen, wie du körperliche Versuchungen überwinden und wie du Frieden schließen kannst mit dem Tempel, den ich dir gegeben habe.

Halte dein Herz jung und voller Hoffnung. Halte deine Gedanken und deine Sinne wach. Sei gut zu deinem Körper, meine Tochter, sorge für deinen Körper und er wird es dir danken.

1. Johannes 4,4; Psalm 103,1-2

Gib nicht auf

Seid allezeit bereit zur Verantwortung vor
jedermann, der von euch Rechenschaft for-
dert über die Hoffnung, die in euch ist, und
das mit Sanftmut und Ehrfurcht,
und habt ein gutes Gewissen, damit die,
die euch verleumden, zuschanden werden,
wenn sie euren guten Wandel in Christus
schmähen. Denn es ist besser,
wenn es Gottes Wille ist, dass ihr um guter
Taten willen leidet als um böser Taten willen.

1. Petrus 3,15b-17

Wenn andere gegen dich sind – lass nicht zu, dass es dich
quält. Gib dich diesem Gefühl innerer Pein nicht hin. Du
wirst niemals allen Menschen gefallen, meine geliebte
Tochter.

Du wirst immer Fehler machen. Manchmal wirst du andere verletzen.

Missverständnisse gibt es immer wieder: Selbst gutes und richtiges Handeln wird manchmal falsch verstanden, Güte wird beargwöhnt, Gerechtigkeit nicht anerkannt. Selbst mein Geist wird oft nicht erkannt.

Lass dich nicht erschüttern. Sei stark. Gib nicht auf. Du kannst innerlich so frei werden, dass du auch einmal vor anderen „schlecht dastehen" kannst. Du sollst wissen: Nichts Böses, was gegen dich gesprochen wird, erreicht mein Herz.

Du bist eine Königstochter – meine Tochter!

Galater 1,10; 2. Thessalonicher 2,15; 1. Petrus 5,6

Ich kenne dein Herz

Liebe deckt der Sünden Menge zu.
1. Petrus 4,8b

Ich kenne dein Herz. Ja, ich kenne dein Herz.

Fürchte dich nicht vor mir und vor meinen Gedanken über dich. Mein Urteil wird von meinen Maßstäben bestimmt: Ich bin Liebe. Ich bin Barmherzigkeit.

Wenn du die Missbilligung anderer Menschen fühlst, ist das manchmal schmerzhaft, aber ich möchte deinen Charakter so formen, dass du den feurigen Pfeilen des Bösen widerstehen kannst.

Dein Stolz und dein ängstlicher Geist schaden dir weit mehr als Ablehnung oder üble Nachrede.

Erinnere dich: Mein Sohn war von allen Menschen der am meisten gehasste, er wurde beschuldigt, verachtet, verlor Freunde.

Verschwende deine Gefühle nicht, um dich zu rechtfertigen. Vergeude dein Leben nicht mit selbstsüchtigen Sorgen. Du lechzt nach Bestätigung und Anerkennung, aber du suchst an den falschen Quellen.

Konzentriere deine Gedanken,
deine Gefühle auf mich.

Ich lasse die Sonne aufgehen und untergehen. Ich kann deine Seele aus jeder Dunkelheit emporheben. Ich werde dich gewiss aufrichten.

Ich bin Gott. Es gibt keinen anderen.

Epheser 6,10; Epheser 6,16; Jakobus 4,10

Bei mir findest du Anerkennung

Und wer ist's, der euch schaden könnte,
wenn ihr dem Guten nacheifert?

1. Petrus 3,13

Die ganze Schöpfung liebt mich: den Schöpfer der Liebe, den Vater aller Dinge, den Lebensspender.

Wenn du in himmlischen Dingen in hohem Ansehen stehen willst, dann halte das Banner der Liebe hoch, meine Tochter: Trage die Barmherzigkeit wie einen Mantel, schenke Vergebung aus vollen Händen. Ehre und Wertschätzung gehören zu den himmlischen Dingen.

Dein himmlischer Vater, dein Herr und Erlöser spricht niemals schlecht über andere, er lügt nicht, zeigt nicht mit dem Finger auf andere und richtet nicht ungerecht.

Höre genau, was ich sage: Verdamme ich? Verspotte ich? Niemals! Ich liebe mit endloser Liebe.

In liebender Güte ziehe ich dich
immer wieder zu mir.

Wenn du in mir bleibst, können dich böse Worte nicht zerstören. Ablehnung wird dir nicht den Boden unter den Füßen wegziehen. Wenn du Anerkennung brauchst, dann komm zu mir.

Psalm 12,6; 1. Petrus 3,8-12; Psalm 95,6-9a; Jeremia 31,3

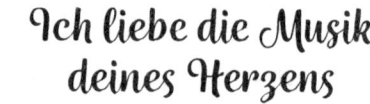

Ich liebe die Musik deines Herzens

Ich will dem HERRN singen mein Leben lang
und meinen Gott loben, solange ich bin.

Psalm 104,33

Ich liebe deinen Gesang. Singe – es erfreut mich! Schenke mir das Lied, das ich dir gebe.

Im Himmel tanzen und singen alle, wenn du deine Stimme erklingen lässt und dein Instrument stimmst, um mir Lob und Ehre zu geben.

Die Engel singen und freuen sich mit dir.

Wenn du die Bewunderung anderer suchst, wirst du bald müde werden, abgekämpft und enttäuscht.

Wenn dein eigenes Talent dein Allerheiligstes ist, wirst du dich überfordern und aufreiben. Fliehe vor diesem unreifen Hunger nach Anerkennung.

Ich liebe deinen Gesang. Du weißt es, oder? Mir kommt es nicht auf eine großartige Stimme an, sondern auf dein Herz.

Ich liebe die Musik deines Herzens.

Epheser 5,19-20; Kolosser 3,16

Ich bin bei dir

Man soll dich nicht mehr nennen »Verlassene«
und dein Land nicht mehr »Einsame«,
sondern du sollst heißen »Meine Lust«
und dein Land »Liebe Frau«;
denn der HERR hat Lust an dir,
und dein Land hat einen lieben Mann.

Jesaja 62,4

Ich bin mit dem gefallenen Sperling. Ich bin mit den Verlorenen, Einsamen, Ängstlichen, Schwachen. Ich bin mit dir. Ich bin den Gedemütigten, den Furchtsamen, Leidenden nahe. Ich bin dir nahe. Ich bin in den Bedrückten, Verwundeten, Verlassenen. Ich bin in dir.

Wenn du nicht einen Schluck Wasser mehr hast und keinen Freund, wenn Schmerz dein Weggefährte ist, wenn dein Herz schwer ist und deine Gedanken von den Stürmen des Lebens bedrängt, dann bin ich für dich da.

Ich bin dein Freund.

Dein Zuhause ist an meinem Herzen, warm und einladend. Ich liebe dich, ich tue dir Gutes, ich baue dich auf.

Und wenn du mir vertraust und meine Liebe annimmst, dann verwandle ich dich: Vieles wird ganz neu. Das tue ich für dich – weil du mein bist.

Matthäus 10,30-31; Psalm 34,9; Johannes 15,15; 2. Korinther 5,17; Offenbarung 21,5a; Matthäus 25,35 ff.

Mein Reichtum
währt ewig

Trachtet vielmehr nach seinem Reich,
so wird euch dies zufallen.

Lukas 12,31

Du magst die Welt besitzen, aber in Wirklichkeit besitzt du nichts. Die alles loslassen, haben den klarsten Blick. Sie können sagen: „Nackt bin ich gekommen, nackt werde ich wieder gehen."

Wie wenig hast du ohne mich. Aber wie übergroß ist dein Reichtum in mir.

Du bist eine Königstochter.

Mein Reichtum vergeht nicht, er versiegt niemals.
Wo dein Herz ist, da ist auch dein Schatz.

Philipper 3,8; Kolosser 3,2; Lukas 9,25; Hiob 1,21; Lukas 12,34

Rede mit Bedacht

So ist auch die Zunge ein kleines Glied
und rechnet sich große Dinge zu.
Siehe, ein kleines Feuer,
welch einen Wald zündet's an!

Jakobus 3,5

Worte kommen dir leicht von der Zunge, manchmal allzu leicht. Hab acht!

Deine Worte haben Macht: Macht, zu verletzen, zu zerstören, zu töten. Sie haben die Macht, zu besänftigen, aufzubauen und lebendig werden zu lassen.

Du bist eine Königstochter. Lass aus deinem Mund kein falsches oder schmutziges Wort kommen.

Erlaube dir kein böses Wort.

Sprich nur das, was guttut und gut ist und hilfreich, freundlich und weise.

Gib Gnade, Liebe, Schönheit, all denen, die deine Stimme hören.

Sei ein Segen.

Epheser 4,29

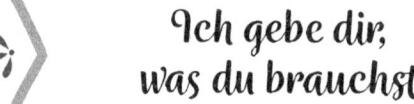

Ich gebe dir, was du brauchst

Mein Gott aber wird all eurem Mangel abhelfen
nach seinem Reichtum in Herrlichkeit
in Christus Jesus.

Philipper 4,19

Du beklagst dich über ungestillte Bedürfnisse und deinen Mangel. Ich verspreche dir zu geben, was du brauchst, nach meinem Reichtum und meiner Herrlichkeit.

Du schreckst zurück, fühlst dich ängstlich, schwach und bedroht von der Welt, die sich dir entgegenstellt.

Aber ich habe dir keinen Geist der Verzagtheit gegeben, sondern einen Geist der Kraft, der Liebe und der Besonnenheit.

Du schaust auf den Boden und sagst anderen, dass du

schwach bist und arm. Aber ich bin der Herr, die Stärke deines Lebens.

Entdecke die Freude, die von mir kommt!

Ich erneuere deine Stärke. Ich will dein Leben beleben. Und du wirst frei und froh sein in Christus.

Du bist geboren, um das Leben zu erobern.

Philipper 4,19; 2. Timotheus 1,7;
Psalm 27,1; 2. Korinther 2,14

Sei frei

Denn ihr habt nicht einen Geist der Knecht-
schaft empfangen, dass ihr euch abermals
fürchten müsstet; sondern ihr habt einen
Geist der Kindschaft empfangen,
durch den wir rufen:
Abba, lieber Vater!

Römer 8,15

Gibt es ein Gefängnis, stark genug, deinen Geist gefangen zu nehmen? Gibt es eine Lüge, täuschend genug, dein
Herz in die Irre zu führen? Wo der Geist des Herrn ist, da
ist Freiheit, Jubel, schöpferische Kraft.

Du vermagst alles durch Christus, der dich stärkt.

Es gibt keine Mauern, hoch genug, deinen Glauben gefangen zu nehmen. Es gibt keine wütenden Wölfe, stark genug, deine Freude zu zerreißen. Es gibt keine Diebe, listig genug, meine Gaben an dich zu stehlen. Du bist in mir und ich bin in dir.

Mein Geist in dir hat mehr Kraft als das Böse in dieser Welt. Du hast die Kraft, Tag für Tag in Freiheit und Freude zu leben, so wie ich dich Tag für Tag stärke.

Du bist meine Tochter. Eine Königstochter.

2. Korinther 3,17; Philipper 4,13; 1. Johannes 4,4

Lass die Menschen erfahren, wer ich bin

Ist nicht das ein Fasten,
an dem ich Gefallen habe:
Lass los, die du mit Unrecht gebunden hast,
lass ledig, auf die du das Joch gelegt hast!
Gib frei, die du bedrückst,
reiß jedes Joch weg!

Jesaja 58,6

Geliebte Tochter, sei sanft zu den Unfreundlichen, sei liebevoll zu den Unliebsamen. Berühre und segne die Welt mit den Händen, die von meiner Liebe berührt sind.

**Umarme den Hässlichen und den Schönen,
so wie du mir einen Blumenstrauß reichen würdest.**

Hilf denen, ihr Haupt zu erheben, die in ihrer Verzweiflung nur nach unten schauen.

Hilf, die Tore der Schwermut zu öffnen, damit der König der Herrlichkeit dort eintreten kann, wo Dunkelheit herrscht.

Lass die Menschen erfahren, wer ich bin. Kümmere dich um den Unterdrückten, den Heimatlosen, den Kranken, den Stolzen und den Unerträglichen. Halte sie mit den Armen, die ich dir gegeben und gesegnet habe. Bringe diese Menschen zu meinem großen Herzen, damit sie endlich ein Zuhause finden.

1. Thessalonicher 3,12; Galater 5,13; Matthäus 5,43-46; Jesaja 12,4; Römer 15,1-2; Jesaja 58,6-8.10

Willst du in der Liebe leben?

Die Liebe ist langmütig und freundlich,
die Liebe eifert nicht,
die Liebe treibt nicht Mutwillen,
sie bläht sich nicht auf,
sie verhält sich nicht ungehörig,
sie sucht nicht das Ihre,
sie lässt sich nicht erbittern,
sie rechnet das Böse nicht zu,
sie freut sich nicht über die Ungerechtigkeit,
sie freut sich aber an der Wahrheit;
sie erträgt alles, sie glaubt alles,
sie hofft alles, sie duldet alles.

1. Korinther 13,4-7

Eine Tochter des Herrn im Himmel braucht sich nicht abzumühen in der Suche nach Perfektion.

Die Tochter des Herrn im Himmel braucht nicht eifersüchtig zu sein.

Die Tochter des Herrn im Himmel kämpft gegen diese Dinge an, und sie ist stark im Kampf, immer bereit, gegen Streit, Meinungsverschiedenheiten, Uneinigkeit, Spaltungen, Rivalität, Streitlust und Stolz anzugehen.

Die Tochter des Herrn im Himmel ist sanft, selbstlos, mild, langmütig und gütig. Sie erträgt die anderen geduldig und gibt der Liebe Raum.

Die Tochter des Herrn im Himmel möchte Harmonie bewahren und beschützen, auch die Einheit im Geist Gottes, in der bindenden Kraft des Friedens.

Ich habe dir nie versprochen, dass dies einfach sein wird, aber es ist mein Wille.

Denn ich bin der Vater aller, der Herr über alle, der alle durchdringt und in allen lebt.

Ich gebe jedem Einzelnen meine Gnade, meine unverdiente Gunst, nicht wahllos, aber bedingungslos jedem.

Willst du in meiner Liebe und Gnade leben und mir so dienen?

1. Petrus 3,15-16; Jakobus 4,6; 1. Petrus 4,8;
Römer 4,16; Epheser 4,2-7

Werde lebendig in mir

Gottes Gnade erzieht uns, dass wir absagen
dem gottlosen Wesen und den weltlichen
Begierden und besonnen, gerecht und
fromm in dieser Welt leben.

Titus 2,12

Hüte dich vor den jugendlich-törichten Leidenschaften, fliehe vor ihnen!

Jage der Gerechtigkeit nach – allem, was tugendhaft und gut ist. Ich möchte, dass du alles mit meinen Augen siehst, und so denkst und handelst, mit der Klugheit meines Geistes.

Sei nicht streitsüchtig: Sei freundlich und milde gegenüber jedermann. Ich kann selbst das härteste Herz verändern, das grausamste Wesen weich werden lassen.

Du kannst dich von deiner alten, abwehrenden, schnell

erregbaren Art verabschieden. Du kannst lernen, anders zu reagieren. Schon jetzt. Werde lebendig in mir!

Darauf kannst du vertrauen: Wenn du mit mir stirbst, wirst du mit mir leben.

Wenn du mein Wort hörst und ihm gehorchst,
dann wirst du große Wunder sehen
in den Menschen, die du berührst.

Meine liebe Tochter, finde deine Freude! Entflieh dem Rachen des Teufels und komm zur Ruhe an meinem liebenden Herzen.

2. Timotheus 2, 22–24; 2. Timotheus 2,11.26

Suche mich in der Stille

Wirf dein Anliegen auf den Herrn;
der wird dich versorgen
und wird den Gerechten in Ewigkeit
nicht wanken lassen.

Psalm 55,23

Du arbeitest schwer und hart und erntest gute Frucht – aber der Lohn erscheint dir gering.

Es liegt mir am Herzen, dir viel Gutes zukommen zu lassen, aber das ist schwer, wenn der Weg verstellt ist durch all deine Sorgen.

*Lass deine Ängste und Befürchtungen
zur Ruhe kommen
und erfreue dich an meiner Gegenwart.*

Suche in der Stille meine Nähe. Erlaube dem Licht meiner Liebe, dich zu umgeben, zu wärmen.

Ich werde einen geheimen Platz für dich vorbereiten, nahe an meinem Herzen, dort kannst du mich immer finden.

Bleibe nah bei mir. Dann wird alles, was du tust, mich widerspiegeln, weil du mir dienst. Dann wird es mit den drückenden Lasten ein Ende haben.

Bete mich an: Ich bin deine Ehre und Herrlichkeit. Ich bin dein Atem und dein Leben.

Bei mir kannst du dich ganz loslassen: Ich erquicke deine Seele. Gutes und Barmherzigkeit werden dich begleiten und du bist ein Licht in dieser Welt. Scheine!

Psalm 16,11; Psalm 23,6; Matthäus 5,14

Genieße die Schöpfung

Die Erde ist voll der Güte des Herrn.
Psalm 33,5b

Ich habe das Universum geschaffen, damit du dich daran freust. Ich bin die Quelle seiner Schönheit.

Genieße sie, die Wunder dieser Erde, sind sie auch nur ein Hauch meiner Herrlichkeit. Du sollst reich gesegnet sein.

Neue Dimensionen der Freude sollst du entdecken in dem, was ich geschaffen habe: Sieh dich um!

Und im Herzen aller Dinge wirst du meine Liebe erkennen, mehr und mehr.

1. Korinther 10,26; Kolosser 1,16

Du musst nicht zittern

Wenn ich mitten in der Angst wandle, so
erquickst du mich und reckst deine Hand
gegen den Zorn meiner Feinde und hilfst mir
mit deiner Rechten.

Psalm 138,7

Kann ein Herz so traurig sein, dass ich es nicht mehr er-
freuen kann? Kann eine Wunde so schlimm sein, dass ich
sie nicht heilen kann? Kann eine Seele so verloren sein,
dass ich sie nicht retten kann?

Alles Geschaffene, alles, was sich bewegt, kriecht, denkt,
träumt, fliegt, alles, was ich geformt habe, behalte ich auch
im Auge.

*Meine Liebe gilt dem Universum aller geschaffenen
Dinge; ich verbinde die, die verletzt sind,*

**und zeige denen, die sich verirrt haben,
den Weg zurück zur Wahrheit.**

Du musst nicht zittern vor all dem, was um dich herum geschieht: Grenzenlose Liebe ist niemals umsonst.

Hesekiel 34,16; Philipper 2,18; Psalm 68,20;
Psalm 138,8; Psalm 57,3; Psalm 17,7

Ich schütze dich

Sei mir gnädig, Gott, sei mir gnädig!
Denn auf dich traut meine Seele,
und unter dem Schatten deiner Flügel
habe ich Zuflucht,
bis das Unglück vorübergehe.

Psalm 57,2

Habe ich dich jemals verlassen? Niemals!

Halte einen Moment inne.

Woher kommt sie, die Wärme, die Sicherheit, die dich umgibt wie ein Mantel, die dich umsorgt und hält?

Woher kommt er, der schwere, starke Schutz, der dich umgibt wie eine Rüstung, die in ihrer golddurchwirkten Majestät so funkelt, dass es das menschliche Auge blendet?

Meine geliebte Tochter, es sind meine Gewänder,
in die du da gehüllt bist.
Du bist eine Königstochter.

Psalm 9,10; Psalm 121

Nimm dein Leiden an

Wenn du durch Wasser gehst, will ich bei
dir sein, und wenn du durch Ströme gehst,
sollen sie dich nicht ersäufen. Wenn du ins
Feuer gehst, wirst du nicht brennen, und die
Flamme wird dich nicht versengen.
Denn ich bin der HERR, dein Gott, der Heilige
Israels, dein Heiland.

Jesaja 43,2-3a

Du musst keine Angst vor dem Leiden haben. Du bist von meinem Geist geboren und genährt, für jede Situation gerüstet.

Du kannst Leid nicht umgehen. Aber nimm Leiden nicht an als „dein Los".

Du bist dazu geboren, Leid zu überwinden.

Verstehe es richtig, in Weisheit: Du lebst in einer vergänglichen Welt, in der das Böse überhandnimmt.

Du kannst den Schmerz nicht aus deinem Leben verbannen, aber er hat nicht das letzte Wort.

Kein Leiden bleibt unbemerkt von dem tiefen Blick der Barmherzigkeit. Aus dem Leiden, das ich von Anfang an miterlebe, wird am Ende auch etwas Kostbares erwachsen:

Freude und noch engere Gemeinschaft mit mir.

Freude wird nicht immer deinen Einsatz krönen, meine Tochter. Aber wenn du das, woran du leidest, mit mir geduldig und mutig erträgst, wird sie kommen.

1. Petrus 4,12–13; 2. Korinther 12,9; Johannes 16,33; Jesaja 61,7; Hebräer 2,10

Vertraue mir alles an

Und du sollst den Herrn, deinen Gott,
lieb haben von ganzem Herzen,
von ganzer Seele und mit all deiner Kraft.

5. Mose 6,5

Übergib mir alles, was ich, dein Gott, verdient habe – alles. Deine Träume, deinen Appetit, deine Gedanken, Wünsche und Hoffnungen. Übergib mir alles.

Vertraue mir vollkommen. Dann wirst du erfahren, dass ich gekommen bin, um dich zu lieben, zu beschützen, dich mit Barmherzigkeit und Herrlichkeit zu krönen.

Gib mir dein Bestes und dein Schlechtestes.

Ich alleine kann dein Trauern in Tanzen verwandeln, Asche in Gold.

Ich allein kenne das Innerste deines Herzens.

Psalm 44,22; Psalm 139,23–24; Sprüche 3,5; Psalm 30,12

Mit mir bist du stark

Fürchte dich nicht, ich bin mit dir,
weiche nicht, denn ich bin dein Gott.
Ich stärke dich, ich helfe dir auch,
ich halte dich durch die rechte Hand
meiner Gerechtigkeit.

Jesaja 41,10

Ich möchte, dass man dich stark nennt, meine Tochter. Sei bereit, Hindernisse und Fallen zu überwinden. Bereite dich darauf vor, voller Gnade zu sein. Verstehe, was Geduld bedeutet.

Ich möchte, dass du Güte ausstrahlst und weitergibst: dass du ehrlich bist, dass du dich des Schwierigen annimmst, den Widerspenstigen beruhigst, den Unliebsamen liebst.

Niemand kann dies aus menschlicher Kraft vollbringen. Aber du kannst es, denn ich und du sind eins.

Nimm dir nicht die Freude, meine Fähigkeiten in dir zu entdecken.

Lebe dein Leben als ein Wunder, selbst in seiner Unfertigkeit und Unordnung.

Lebe jeden Moment als einzigartiges Ereignis. In ihm ist Leben und Sinn.

Lebe in mir und du lebst in einem Wunder.

Sacharja 4,6; Philipper 4,13;
Kolosser 3,12; Römer 10,12-13

Übersieh mich nicht

Man verlässt sich auf das Urteil
eines vernünftigen Menschen;
und wenn er dazu noch gut reden kann,
wird man viel von ihm lernen.

Sprüche 16,21

Nichts ist mir zu klein, zu gering. Ich bin da – in den großen Ereignissen genauso wie in den ganz kleinen.

Mir entgeht kein Seufzer, auch nicht der leiseste. Keine Zelle, keine Mikrobe ist in meinen Augen so klein oder so gering, dass sie nicht lebenswert wäre.

Übersieh sie nicht, die winzigen Dinge!

Höre meine leise Stimme, die Stimme, die kein tosender Wind übertönen kann. Höre mich in der Stille der Nacht, im Zirpen der Grille, im ruhigen Seufzen des neugeborenen Kindes.

Höre – mich. Sieh – mich. Durch mich sind alle Dinge.

Das Auge, das durch meinen Geist erleuchtet ist, sieht mich hinter und in den ganz, ganz kleinen Dingen.

Kolosser 1,16–17; Psalm 131,1; Jesaja 30,20b; 1. Könige 19,11b

Quäle dich nicht

Daran erkennen wir,
dass wir aus der Wahrheit sind,
und können vor ihm unser Herz überzeugen,
dass, wenn uns unser Herz verdammt,
Gott größer ist als unser Herz
und erkennt alle Dinge.

1. Johannes 3,19-20

Du bist so hart zu dir selbst. Du bist von deinen eigenen Unzulänglichkeiten befremdet. Du quälst dich, wenn du in deinem Charakter Fehler und Makel entdeckst.

Hör zu, ich habe dir etwas zu sagen: Du bist mein, und du wächst, lernst, veränderst dich, entwickelst dich zu einer Botschafterin Christi – und bist es doch schon jetzt.

Du nimmst mich nicht stärker für dich ein, wenn du dir an die Brust schlägst und betonst, wie „schrecklich" du bist. Umkehr ist das, was ich ersehne; nicht dass du dich selbst verabscheust.

Lass dich nicht durch törichte Floskeln oder religiöse Rituale in die Irre führen; die beeindrucken vielleicht Menschen, aber nicht mich.

*Ich kenne dich von innen und von außen,
und ich habe dich vollkommen geschaffen,
sodass du vollkommen zu mir passt.*

Du machst mein Herz froh, wenn du meine Hand ergreifst und dann gemeinsam mit mir an dir arbeitest.

Lerne deine Grenzen zu weiten und dich selbst zu respektieren – Hand in Hand mit mir.

2. Korinther 5,20; 1. Johannes 2,12;
Johannes 15,5; Römer 8,37-38

Schränke mich nicht ein

Denn es sollen wohl Berge weichen
und Hügel hinfallen,
aber meine Gnade soll nicht von dir weichen,
und der Bund meines Friedens
soll nicht hinfallen, spricht der Herr,
dein Erbarmer.

Jesaja 54,10

Schränke mich nicht ein. Schließe mich nicht aus durch die Tore deiner Angst und deiner Gewohnheiten.

Insgeheim scheinst du davon auszugehen, dass du immer Mangel haben wirst, und damit bindest du dich an einen brennenden Pfahl.

Du bist zum Leben berufen, zum Leben in Fülle.

Du findest alles in mir. Du hast alle Möglichkeiten – durch Christus:

Nutze dein Talent, deine Gaben, gestalte dein Leben! Gib dich nicht so schnell geschlagen. Ich habe in dich investiert, in dein Heil und dein Wohlergehen, mit dem Opfer meines Sohnes Jesus.

Es ist an der Zeit, dass du alte Gedankenmuster ablegst. Ich, dein Vater im Himmel, kenne all deine Nöte, bevor sie dir bewusst sind. Ich habe viel für dich vorbereitet.

Lass dich heute nicht mehr beschweren durch die Sorgen von gestern. Meine Tochter, sei offen für neue Visionen, neue Hoffnung und neue Stärke.

Schränke mich nicht länger ein: Schränke niemals den Segen ein, den ich für dich habe. Sei so mutig, mehr von mir zu nehmen, mehr von meinem Segen zu nehmen.

Römer 5,10; Matthäus 6,8b+31-33; Jesaja 54,17

Du bist mir eine Freude

So hört nun auf mich!
Wohl denen, die meine Wege einhalten!
Hört die Zucht und werdet weise
und schlagt sie nicht in den Wind!
Wohl dem Menschen, der mir gehorcht,
dass er wache an meiner Tür täglich,
dass er hüte die Pfosten meiner Tore!
Wer mich findet, der findet das Leben
und erlangt Wohlgefallen vom HERRN.

Sprüche 8,32-35

Deine Gaben sind herrlich in meinen Augen. Und denke nicht, dass sich das ändert, wenn jemand auftaucht, der in deinen Augen vielleicht „besser" oder „wichtiger" ist.

Ich liebe den gereichten Becher mit kühlem Wasser genauso wie den Glauben in der Löwengrube. Ich liebe die

Richterin, die Israel in den Sieg geführt hat. Und ich liebe die Demütigen, die am Fuße des Kreuzes weinen.

Deine Gaben sind mir wie ein Duft im Garten der Freude. Dein Gesicht anzusehen und dich zu lieben, zu wissen, dass du mein bist. Dein anbetendes Herz zu kennen, bedeutet mir mehr als tausend Feste zu meiner Ehre. Du bist mir eine Freude!

Liebe mich, so wie du bist, meine Tochter.

Tu, was du tust, für mich. Sprich mit mir, höre mir zu, bete mich an. Und lebe ein lohnendes Leben.

Lukas 21,1-3; Matthäus 10,40-42; Daniel 6,20-22; Lukas 22,24-27; Kolosser 3,17

Lass mich deine Hand halten

Das vernimm, Hiob,
steh still und merke auf die Wunder Gottes!

Hiob 37,14

Hier ist meine Hand – lass mich deine zärtlich halten. Lass mich mit dir sitzen, wo es ruhig ist, du und ich allein.

Lass uns ganz in dieser Stille bleiben.

Dein Herz ganz nah bei meinem können wir uns aneinander freuen.

Jesaja 32,17; Psalm 23,1-3; Hebräer 3,13

Wertvolle Momente
mit dir

Aber das ist meine Freude,
dass ich mich zu Gott halte
und meine Zuversicht setze auf Gott
den Herrn, dass ich verkündige all dein Tun.

Psalm 73,28

Weißt du, wie wertvoll diese stillen Momente für mich sind, meine Tochter?

Weißt du, wie schön du für mich bist, und wie ich mich danach sehne, mit dir zu sprechen?

**Bring dich nicht um den Reichtum
dieser stillen Momente mit mir, deinem Gott.**

In einem Moment mit mir wird deine Seele satter und zufriedener als durch die innere Befriedigung nach guten Werken und durch das Lob für deine Fähigkeiten.

So ein Moment allein mit mir, ein Moment an einem geschäftigen Tag, ein Moment in der absoluten Vollkommenheit, dort wo mein Friede dich beschützt, das ist der beste Moment aller Momente.

Psalm 32,7-8; Philipper 4,7; Prediger 9,17; Psalm 4,4

Ich vergebe dir

Darum: Ist jemand in Christus,
so ist er eine neue Kreatur;
das Alte ist vergangen,
siehe, Neues ist geworden.

2. Korinther 5,17

Und so, wie ich dir vergebe,
meine geliebte Tochter,
so sollst du dir selbst verzeihen.

Es ist gut, dass du der Torheit eines selbstsüchtigen Lebens den Rücken kehrst. Es ist gut, dass du deine egozentrischen Gedanken und Taten erkennst und dich von ihnen abwendest.

Für die Sünde und Selbstsucht gestorben zu sein, bedeutet, endlich zu leben: ein schönes, reines und klares Leben zu führen – in mir. Das Leben einer Königstochter.

Nur so kannst du in der Tiefe deines Seins erfüllt sein. Nur so kannst du in der Vergebung leben und freien Herzens denen vergeben, die an dir schuldig werden.

Ich vergebe, ich stelle wieder her, ich erneuere. Und in mir, meine geliebte Tochter, ist alles gut.

Hebräer 10,22; Philipper 4,7; Micha 7,18

Empfange
Freude und Frieden

Denn ihr sollt in Freuden ausziehen
und im Frieden geleitet werden.

Jesaja 55,12a

Freude und Frieden findest du bei mir; was du ohne mich erreichst, wird dich auf Dauer nicht befriedigen.

Lass das Tun nicht wichtiger werden
als das Sein.

Alles Erreichte, Lob, Erfolg und Beifall vergehen schnell und gehen vergessen – aber die Beziehung zwischen dir und mir bleibt.

Was du von mir empfängst, ist etwas ganz anderes als

vergängliche Schmeicheleien oder menschliche Dankbarkeit.

Wenn du zu mir gehörst, dann umgibt uns das, was du und ich erreichen, wie strahlende Kinder, die um uns herum tanzen.

2. Korinther 4,18; Epheser 6,7-8; Daniel 12,3; Jesaja 51,11

Lebe mit gutem Gewissen

Um wie viel mehr wird dann das Blut Christi,
der sich selbst als Opfer ohne Fehl
durch den ewigen Geist Gott dargebracht hat,
unser Gewissen reinigen von den toten Werken,
zu dienen dem lebendigen Gott!

Hebräer 9,14

Was ist ein gutes Gewissen?

Ein gutes Gewissen ist eines, das gewappnet ist durch Freude und Wahrheit.

So kannst du stark sein. Warum also sich mit Halbheiten zufrieden geben, geistlich Mangel leiden und gefühlsmäßig ein Bettler sein?

Lass dich ausrüsten. Lege die ganze Waffenrüstung Gottes an, dann bist du imstande, die Feinde in die Flucht zu schlagen, die dich des guten Lebens berauben wollen.

Ein gutes Gewissen erinnert dich an mich, wenn du mich brauchst. Ein gutes Gewissen ermutigt dich, meinen Geist in Anspruch zu nehmen, dich durch mein Wort stärken zu lassen und mutig zu leben.

Wage es, ein glücklicher Mensch zu sein! Wage es, stark zu sein! Wage es, Ungutes zu überwinden!

Ein gutes Gewissen freut sich an der Wahrheit und ist zuversichtlich, auch in Schwierigkeiten. Ein gutes Gewissen ist kostbar wie ein Schatz aus Gold.

2. Korinther 1,12; 1. Thessalonicher 5,8; Epheser 6,10-11; Offenbarung 3,18; Hebräer 10,22

Du kannst in Frieden leben

So auch ihr: Haltet euch für Menschen,
die der Sünde gestorben sind
und für Gott leben
in Christus Jesus.

Römer 6,11

Ruhm und Glanz eines gottesfürchtigen Menschen ist sein gutes Gewissen. Von dort kommt auch tiefe und bleibende Freude.

Ein schlechtes Gewissen ist voller Furcht und unruhig: Böse Menschen erfahren sie niemals, diese wahre Freude.

Aber du, mein geliebtes Kind, bist all dem gestorben, was nicht von mir ist, bist lebendig und kannst ganz in Frieden leben.

Dein Herz kann glücklich sein und lachen,
und in der Welt um dich herum
wirst du freudige Überraschungen erleben.
Dem Reinen ist alles rein.

Jesaja 57,20–21; Titus 1,15;
Sprüche 22,1; Jesaja 13,12

Ich bin dein Gewinn

Wer groß sein will unter euch,
der soll euer Diener sein.

Markus 10,43b

Lass mich dir nahe sein, wo immer du heute hingehst. Ich will deine flatternden Nerven beruhigen. Ich will es dich merken lassen, wenn du selbstgerecht bist, wenn du beginnst dich zu rühmen oder wenn du dich selbst zu wichtig nimmst.

Ich will deine Schritte auf den Weg echter Erfüllung führen, wo du das Geheimnis der Weisheit entdeckst:

alles loszulassen,
um so viel mehr in mir zu gewinnen.

Philipper 3,8-9; Jakobus 1,5; Hiob 8,20; Markus 8,35

Ein Mund voller Lachen

Dann wird unser Mund voll Lachens
und unsre Zunge voll Rühmens sein.
Da wird man sagen unter den Völkern: Der
HERR hat Großes an ihnen getan!
Der HERR hat Großes an uns getan;
des sind wir fröhlich.

Psalm 126,2-3

Lerne zu lachen! Ich liebe das Lachen. Sorgen und Kummer haben bei mir nicht das letzte Wort. Ich bin Gott!

Ich bin Weisheit und Erkenntnis.

Du kannst mir vertrauen.

Denkst du, du kannst in deinem Herzen das Feuer der Sorge anzünden, ohne dabei zu verbrennen?

Denkst du, du kannst auf den heißen Kohlen deiner Angst gehen, ohne Brandblasen zu bekommen?

Mache deinem falschen Sorgen ein Ende und nimm dir meine Worte zu Herzen. Und dann wird dein unruhiges Herz darin seinen Frieden finden.

Komm so zu mir, an mein liebendes Herz, und verweile bei mir.

Psalm 126,6; Offenbarung 1,8; Psalm 33,21; Sprüche 6,27-28; Jesaja 26,3; Sprüche 7,1-2

Ich bin für immer dein

Ich hebe meine Augen auf zu den Bergen.
Woher kommt mir Hilfe?
Meine Hilfe kommt vom HERRN,
der Himmel und Erde gemacht hat.
Er wird deinen Fuß nicht gleiten lassen,
und der dich behütet, schläft nicht.
Siehe, der Hüter Israels schläft
noch schlummert nicht.

Psalm 121,1-4

Wo ist deine Hilfe in Zeiten der Not? Wer baut dich auf, wer rechtfertigt dich, wer hört dein Weinen in der Nacht? Dein Arbeitgeber? Dein Liebhaber? Dein Freund? Wer ist immer da – um dich zu umsorgen, zu beschützen, um dich in vollkommener Liebe zu umarmen? Wer nennt dich –

egal was geschehen ist – „geliebter Mensch"? Dein Nachbar? Deine Eltern? Deine Schwester oder dein Bruder?

Gibt es irgendein menschliches Wesen, das dir die Ewigkeit geben kann?

Bist du von Neuem geboren durch ein romantisches Abenteuer? Durch Ehe? Durch Kinder?

Ist dein Gewissen durch höhere Schulbildung so weiß wie Schnee geworden? Oder durch gesellschaftliche Erfolge? Wen betest du an, mein geliebter Mensch? Wem dankst du für allen empfangenen Segen?

Menschen kommen und gehen. Erfolg währt nicht ewig, Reichtümer sind vergänglich. Aber ich bin von Ewigkeit zu Ewigkeit.

Ich ändere mich nicht.

Ich bin für immer dein.

Hebräer 13,5b-6; 1. Johannes 4,16;
1. Timotheus 6,17; Psalm 148,13-14

Bei mir findest du Schutz

Ich aber will von deiner Macht singen
und des Morgens rühmen deine Güte;
denn du bist mir Schutz
und Zuflucht in meiner Not.
Meine Stärke, dir will ich lobsingen;
denn Gott ist mein Schutz,
mein gnädiger Gott.

Psalm 59,17-18

Wohin zieht es dich, wenn du Schutz suchst, meine Tochter?

Verkriechst du dich tief unter deiner Decke oder kommst du zu mir auf meinen himmlischen, hohen Turm?

Wo suchst du Hilfe? In der Apotheke, im Supermarkt oder Kaufhaus oder bei meiner immerwährenden Barmherzigkeit?

*Ich bin dein Zufluchtsort — heilig, voller Frieden
und beständiger Liebe.*

Das scheinst du so leicht zu vergessen.

Jesaja 53,6; Psalm 59,10.17-18

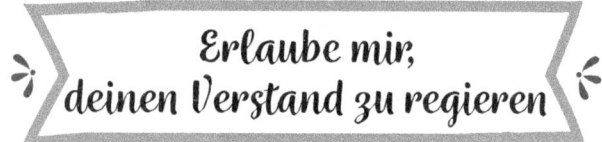

Erlaube mir, deinen Verstand zu regieren

Sei nicht schnell, dich zu ärgern,
denn Ärger ruht im Herzen des Toren.

Prediger 7,9

Ich regiere das tosende Meer. Der Sturm, der die Wellen auftürmt, wird wieder still, wenn ich es will.

Ich kann die Nationen von der Aufruhr zur Ruhe kommen lassen.

Ich kann die Stimme der Mächtigen zu einem Flüstern werden lassen.

Ich kann dem Blitz und dem Sturm gebieten, genauso dem Hagel, dem Schnee und den Wolken.

Wer ist in den Himmel aufgefahren und wieder auf die Erde herabgekommen? Wer hält alle Winde zusammen in seiner hohlen Hand? Wer verhüllt mit seinem Mantel alle Wasser der Erde? Wer hat die Enden des Universums bestimmt? Wie ist sein Name? Sage ihn mir, wenn du ihn kennst!

Ich bin der Herr über alles.

Ich gab dem Meer seine Grenzen, damit das Wasser sich nicht ohne mein Geheiß ausbreite.

Ich habe die Grundfesten der Erde gegründet – ich kann auch dein unruhiges Herz zur Ruhe kommen lassen.

Erlaube mir, deinen Verstand zu regieren, so wie ich das Meer regiere, den Wind und das Universum.

Gib mir deine ungestümen Ängste, und ich werde dein Inneres seinen Frieden finden lassen, dass es so ruhig wird wie eine stille, klare Quelle.

Psalm 65,6-9; Psalm 89,10; Psalm 107,29;
Matthäus 8,26; Sprüche 30,4

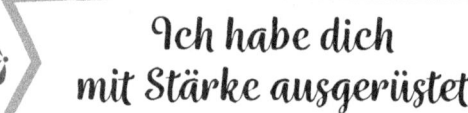

Ich habe dich mit Stärke ausgerüstet

Aber ihr werdet die Kraft des Heiligen Geistes
empfangen, der auf euch kommen wird,
und werdet meine Zeugen sein
in Jerusalem und in ganz Judäa
und Samarien und bis an das Ende der Erde.

Apostelgeschichte 1,8

Höre auf damit zu behaupten, du hättest keine Kraft. Sei wie der Prophet, der gesagt hat: „Was mich betrifft, ich bin voll Kraft, voll Geistes des Herrn, voll Gerechtigkeit und Stärke."

**Ich habe dich ausgerüstet mit der Stärke,
die nicht nachlässt.**

Du kannst neuen Schwung erleben wie ein Adler, dem starke Flügel wachsen. Du kannst laufen, ohne müde zu werden, du kannst gehen, ohne schwach zu werden.

Du musst nichts mehr aus Angst heraus tun. Du musst dich nicht mehr verwirren lassen.

Die Angst ist nicht dein Gott.
Ich bin dein Gott.

Erinnere dich immer an die Wahrheit: Sage deinem Herzen, dass ich dich stärke – nach meinem Reichtum und meiner Herrlichkeit, durch meinen Geist.

Sage nicht, du hättest keine Kraft.

Micha 3,8; Jesaja 40,31;
Jesaja 41,10; Epheser 3,16-17a

Du bist für dein Tun verantwortlich

Jagt dem Frieden nach
mit jedermann und der Heiligung,
ohne die niemand den Herrn sehen wird.

Hebräer 12,14

Klage keinen Menschen an, der dir nicht mit Absicht etwas Böses getan hat. Wer schnell dabei ist, einen Streit vom Zaun zu brechen, ist ein Narr.

Jemand, der sich in einen fremden Streit einmischt, ist wie einer, der versucht, einen vorbeilaufenden Hund bei den Ohren zu packen.

Konzentriere dich auf die Aufgaben, die ich dir gebe: Du bist für dein eigenes Herz verantwortlich. Du sollst nichts um eitler Ehre willen tun.

Achte auch den, der dich verletzt,
mehr als dich selbst.

Sprüche 3,30; Sprüche 20,3;
Sprüche 26,17; Philipper 2,3

Ich antworte dir, versprochen

Dann wirst du rufen,
und der Herr wird dir antworten.
Wenn du schreist, wird er sagen:
Siehe, hier bin ich.

Jesaja 58,9a

Manchmal scheine ich dir nicht schnell genug zu antworten. Du fühlst dich wie im „Tal des Wartens" – und dabei ist es mit deiner Geduld nicht allzu weit her. Du fühlst dich wie in der Falle.

Vergiss es nie: Meine Verheißungen sind gültig.

Ich halte meine Versprechen. Ich werde dir sicher antworten.

Aber, geliebte Tochter,
ich antworte zu meiner Zeit,
nicht zu deiner.

Jesaja 25,9; Psalm 91,15; Jesaja 65,24

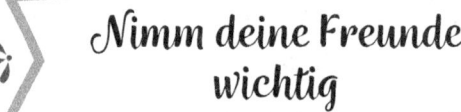

Nimm deine Freunde wichtig

Deinen Freund
und deines Vaters Freund verlass nicht.
Geh nicht ins Haus deines Bruders,
wenn dir's übel geht.
Ein Nachbar in der Nähe
ist besser als ein Bruder in der Ferne.

Sprüche 27,10

Als Mose einmal müde wurde – wer stützte ihm da die Arme?

Nimm den Menschen wichtig, der dein Freund ist oder deine Freundin. Pflege die Freundschaft.

Aaron und Hur stützten Mose die Arme, als sie ihm schwer wurden, einer auf der einen Seite, der andere auf der anderen, und so blieben Moses Arme stark bis zum Sonnenuntergang. So etwas tun Freunde für dich.

Du wirst geliebt, und die Liebe, die du deinen Freunden erweist, wird viel Frucht tragen.

Lebe in Eintracht mit deinen Freunden.

Fühle mit, leide mit, sei bescheiden.

Vergiss es nie: Du bist geboren, um zu lieben und um geliebt zu werden.

2. Mose 17,12; 1. Petrus 3,8; 1. Samuel 18,1; Sprüche 17,17

Beherrsche dich

Ich sage aber:
Wandelt im Geist,
so werdet ihr das Begehren des Fleisches
nicht erfüllen.

Galater 5,16

Ich möchte, dass du dich selbst beherrschen kannst. Sei wachsam! Lass dich nicht auf törichte Dinge ein. Schau dich um, und sieh, wo du stehst.

Stehst du auf sicherem Boden? Dein Feind, der Teufel, geht umher wie ein brüllender Löwe und hält Ausschau nach jemandem, der sich selbst nicht beherrschen kann und den er verschlingen kann.

**Aber du hast einen Felsen, Christus,
auf dem kannst du sicher stehen.**

1. Korinther 10,12; 1. Korinther 16,13;
1. Petrus 5,8

Es gibt Hoffnung

Denn wir sind gerettet auf Hoffnung hin.
Die Hoffnung aber, die man sieht,
ist nicht Hoffnung;
denn wie kann man auf das hoffen,
was man sieht?

Römer 8,24

Lass dich mit Hoffnung erfüllen! Halte an der Hoffnung fest – mehr denn je – und wisse, dass ich, der Schöpfer des Himmels und der Erde, der Schöpfer des Meeres, der Schöpfer von allem, was darin lebt, dir immer treu sein werde.

Wenn dir einer vorgaukelt, es gäbe keine Hoffnung, ist das eine Lüge, und Lügen haben keinen Bestand.

Die Wahrheit aber bleibt für immer bestehen.

Meine Tochter, ich gebe dir heute neue Hoffnung: das Versprechen, dass ich dein Beten höre, dir nahe bin, dir antworte.

Römer 3,4; Hebräer 6,18-19; Psalm 146,5-8

Strebe nach Weisheit

Denn der Weisheit Anfang ist:
Erwirb Weisheit und erwirb Einsicht
mit allem, was du hast.

Sprüche 4,7

Wenn du weise bist, wirst du merken, wie die Weisheit dir nützt. Weisheit ist mein Geschenk an dich:

Echte Freude gibt es nicht ohne Weisheit.

Wenn du hier und dort schaust und im künstlichen Lächeln von Fremden nach Glück Ausschau hältst, dann bist du irregeführt.

Lebe für mich. Du gehörst mir. Halte zuerst Ausschau nach mir und nach meinem königlichen Reich. Mein Reich ist voller Freuden für die Seele. Meine Gerechtigkeit ist süß und erfüllt dein sehnsüchtiges Herz.

Alle wichtigen Dinge werden dazukommen, wenn du nach Weisheit trachtest. Das ist dein Geschenk.

Sprüche 9,10; Römer 14,8; Matthäus 6,33

Streue den guten Samen

Säet Gerechtigkeit
und erntet nach dem Maße der Liebe!
Pflüget ein Neues, solange es Zeit ist,
den HERRN zu suchen, bis er kommt
und Gerechtigkeit über euch regnen lässt!

Hosea 10,12

Betrachte dich als jemanden, der Saat ausstreut. Betrachte dich als jemanden, der Gerechtigkeit sät: indem du aufrichtig bist und klar bei und zu mir stehst.

**Wenn du fest in mir gegründet bist,
dann wirst du Barmherzigkeit und Güte ernten.**

Es ist Zeit, den ungepflügten Boden aufzubrechen, mich jetzt zu finden und eins mit mir zu sein.

Es ist Zeit, Freundschaft mit mir zu schließen, keine Fremde zu bleiben, sondern nach Hause zu kommen.

Betrachte alles, was du bist und tust, wie ein Feld, auf dem du guten Samen ausstreust.

Lass mich der Regen sein, der dich beschenkt und Gutes wachsen lässt.

Galater 6,8; Jakobus 2,20; Hesekiel 36,27-28

Bleibe im Licht

Mache dich auf, werde licht;
denn dein Licht kommt,
und die Herrlichkeit des Herrn
geht auf über dir!

Jesaja 60,1

Wach auf, geliebte Tochter! Kleide dich mit Stärke. Wach auf, und nimm die Kleider, die ich dir gebe.

Wach auf
und lebe diesen Tag
in Weisheit und Aufrichtigkeit.

Verstecke sie nicht, die Güte meiner Wahrheit, sondern ziehe sie an wie ein Gewand. Mein Geist der Wahrheit in dir bringt dich zum Leuchten.

Ich will dir heute vieles geben: Ich werde deine Augen öffnen, deinen Körper stärken, deine Gedanken erfrischen und dein Herz reinigen.

Bleibe im Licht; ich bin das Licht.

1. Thessalonicher 5,8; Matthäus 13,43; 1. Johannes 1,7a

Liebe das Leben

Ein großer Gewinn aber ist die Frömmigkeit
zusammen mit Genügsamkeit.

1. Timotheus 6,6

Du hast die Wahl, heute: Entscheide dich für dein Leben, wie es jetzt ist, und schätze, was du hast.

Höre auf, ständig in den Schatten deiner Vergangenheit herumzuwühlen, um deine Schwierigkeiten zu erklären. Wenn du das so ausgiebig tust, gibst du der Vergangenheit die Macht, über die Gegenwart – deine Gegenwart! – zu herrschen. Und du versäumst die Majestät des Augenblicks jetzt.

Wenn dein Blick ständig nach innen gerichtet ist, wirkt das zerstörerisch – wie ein reißender Fluss, der ausufert und alles überflutet, was ihm in den Weg kommt.

Ich möchte, dass du dein Leben liebst, dass du den Klagen und Beschwerden weniger Aufmerksamkeit widmest.

Damit sie dich nicht mitreißen wie der Strudel, in dem alles andere untergeht.

Dein ständiges Seufzen ist Unzufriedenheit und nagt an allem Guten wie Ungeziefer. Die Zufriedenheit, die ich dir geben will, ist dagegen wie eine warme Decke der Liebe, die dich ruhig und entspannt sein lässt. Du, ich freue mich an dir!

Freue du dich an diesem Frieden.

Epheser 5,8; Titus 3,3; Römer 14,12

Lass ab vom Streit

Wer Streit anfängt, gleicht dem,
der dem Wasser den Damm aufreißt.
Lass ab vom Streit, ehe er losbricht!

Sprüche 17,14

Freue dich mit, wenn einer einen geistlichen Sieg erringt.
Freue dich über jeden Sieg mit Christus. Freue dich auch,
wenn der Erfolg anderer größer ist als dein eigener: Freue
dich, wenn ein anderer erhält, was du auch brauchst. Bewahre deinen Frieden, wenn ein anderer die Aufmerksamkeit erhält, die du meinst zu verdienen.

Du musst dich nicht krampfhaft um all das bemühen!

**Wenn du zu kämpfen hast,
dann gegen Eifersucht und Streit.**

Triff eine Entscheidung und sage dir heute: Ich werde nicht eifersüchtig sein. Ich werde nicht kämpfen. Ich werde mich nicht krampfhaft bemühen.

Ich werde mich bei den Siegen anderer mitfreuen. Ich werde mich an den Erfolgen anderer mitfreuen.

Ich werde nicht denken, dass andere weniger wertvoll oder weniger wichtig sind als ich. Ich werde meine Arbeit nicht wichtiger erachten als die Arbeit eines anderen. Ich werde für meine „Konkurrenten" beten.

Ich werde mich an der Beziehung zu Gott freuen. So soll es sein.

Und so wird es sein.

2. Korinther 12,20; Markus 10,43–44; Galater 5,26;
2. Korinther 2,15; Johannes 13,34

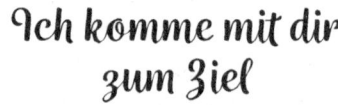

Ich komme mit dir zum Ziel

Eins aber sage ich: Ich vergesse,
was dahinten ist, und strecke mich aus nach
dem, was da vorne ist, und jage nach dem
vorgesteckten Ziel, dem Siegespreis
der himmlischen Berufung Gottes
in Christus Jesus.

Philipper 3,13b-14

Ich habe dir viele Türen geöffnet. Gehe hindurch, eine nach der anderen!

Lass dich nicht von meinen Wegen abbringen, meine Tochter. Lass dich nicht in Versuchung führen, wenn du Gutes, das du erhofft hast, woanders zu sehen meinst, aber dazu an zwielichtigen Wesen mit Krallenfingern vorbeimusst. Schließe mit solchen Bösewichtern und Verführern keine Händel ab, und nimm nicht ihre Hand, in dem naiven Versuch, Freundschaft zu schließen.

Ich gebe dir die Gnade und Weisheit, in welchen Umständen auch immer. Du musst nicht ängstlich sein.

Du musst nicht unsicher sein, weil du deine Unzulänglichkeiten kennst.

Niemand, der mit meinem Geist lebt,
ist unzulänglich für die Aufgaben,
die er von mir hat.

Verstehst du mich? Lerne vorwärtszugehen, in der Ausrichtung auf mich – ich werde dich nicht überfordern.

Öffne die wunderbarste Türe von allen – die Tür, in der ich stehe, um dich zu umarmen.

Ich komme mit dir zum Ziel – was immer geschieht. Mit der Zeit kommen wir uns immer näher, verbunden durch die Liebe.

Offenbarung 3,8; Johannes 10,7; Psalm 1;
Lukas 21,15; 1. Johannes 4,13

Lebe bewusst

Er hat alles schön gemacht zu seiner Zeit,
auch hat er die Ewigkeit in ihr Herz gelegt;
nur dass der Mensch
nicht ergründen kann das Werk,
das Gott tut, weder Anfang noch Ende.

Prediger 3,11

Lebe bewusst! Lebe heute. Sei aufmerksam. Sei offen für meine Gegenwart in der Welt um dich herum.

Öffne deine Sinne für meinen Geist,
für das Erhabene,
für alle natürliche Schönheit.

Rieche den Duft der Rose – und freue dich! Beobachte das

Huschen einer Ameise – mit Vergnügen! Fühle den Wind wie einen Freund. Spüre die Erde, fühle ihren Puls.

Meine Welt zu lieben ist eine Art demütig zu sein. Lege all deine inneren Konflikte einmal beiseite und wende dich dem Leben außerhalb deiner selbst zu.

Hast du ein Auge für das warme Licht der Sonne, das über die Mauer streicht? Erkennst du die ganz eigene Kunst der Regentropfen-Muster auf staubigen Scheiben?

Wenn dein Herz vom lauten Rhythmus deiner Sorge bestimmt wird, wirst du die Hymne eines Sonnenuntergangs kaum hören. Du wirst ihn versäumen.

Du wirst das Zeichen meiner Liebe versäumen.

Psalm 139,7-10; Psalm 16,11;
Psalm 65,10-11; Lukas 12,27-30

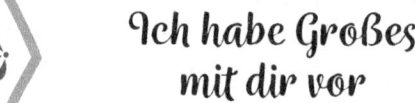

Ich habe Großes mit dir vor

Lehre mich tun nach deinem Wohlgefallen,
denn du bist mein Gott;
dein guter Geist führe mich
auf ebener Bahn.

Psalm 143,10

Die Worte, mit denen ich zu dir rede, wirst du verstehen. Sie lenken dein Leben zu mir. Diese „einfachen" Worte führen dich Tag für Tag in die tiefen Geheimnisse des ewigen Lebens hinein.

Werde stark in meinem Wort, meine Tochter. Werde wie ein Pfeil des Glaubens, der mitten aus der Herrlichkeit kommt. Mein Wort ist Geist und Leben, es heilt die Kranken, es macht Blinde sehend.

Ich bin der, der den Himmeln ihre Form gegeben hat

und der das Wasser zu Meeren gemacht hat. Tag und Nacht werde ich dir große und wunderbare Dinge zeigen, wenn du offene Augen und Ohren hast.

Ich habe dich geschaffen
und habe Großes mit dir vor.

Verlass ihn nicht, deinen guten Weg, indem du etwas zustande zu bringen versuchst, zu dem du nicht berufen bist. Wenn deine Wege mit mir im Einklang sind, wirst du Erstaunliches erleben. Aber dein Leben wird unerträglich und einsam, wenn du deine Wege ohne mich gehst, denn das ist gegen deine Natur, gegen das Wesen, das ich dir gegeben habe.

Deshalb: Mache dich vertraut mit meinem Willen.

Psalm 40,9; 2. Petrus 1,4–11; 1. Korinther 2,9;
Jesaja 46,10; Psalm 100,3; Sprüche 16,7

Liebe deine Familie

Wenn aber jemand die Seinen,
besonders seine Hausgenossen,
nicht versorgt,
hat er den Glauben verleugnet
und ist schlimmer als ein Ungläubiger.

1. Timotheus 5,8

Es ist viel einfacher, die zu bewundern und zu schätzen, die fern von dir sind, als die in deiner eigenen Mitte. Es ist viel bequemer, zu einem bedrückten Fremden freundlich zu sein als zu einer widerspenstigen Seele im eigenen Hause.

Ich habe dich dazu geschaffen, wie ich aus meiner Liebe heraus zu leben.

Liebe ist die Wurzel all dessen, was ich bin.

Ihre Sprache sollst du lernen: durch meinen Geist und durch mein Wort.

Nimm dir viel Zeit, um über die Liebe nachzusinnen, über meine Liebe, und dann praktisch Liebe zu üben. Liebe, die ich meine, kommt nicht von selbst. Liebe ist zuallererst zur eigenen Familie freundlich und zu denen, die dir am nächsten sind.

Wirkliche Liebe ignoriert niemanden, beleidigt niemanden, nimmt niemanden für selbstverständlich, bedrückt niemanden.

Liebe sie so, heute – diejenigen, die dir am nächsten sind: mit Geduld, Rücksicht, Wärme und Gebet. Ich erwarte das von dir. Sie brauchen dich.

Epheser 4,32; Römer 12,10; 1. Johannes 4,16

Ich schenke dir Kraft

So hört nun auf mich!
Wohl denen, die meine Wege einhalten!
Hört die Zucht und werdet weise
und schlagt sie nicht in den Wind!
Wohl dem Menschen, der mir gehorcht,
dass er wache an meiner Tür täglich,
dass er hüte die Pfosten meiner Tore!
Wer mich findet, der findet das Leben
und erlangt Wohlgefallen vom HERRN.

Sprüche 8,32-35

Göttliche Kraft ist mein Geschenk an dich.

Diese Kraft kann durch nutzloses Sorgen, unbeherrschte Launen, durch Entrüstung und falschen Ärger gedämpft werden. Sie kann aber auch durch Einfallsreichtum und Lebenskraft zur Geltung kommen und durch dich hindurchstrahlen.

Du – du selbst, meine Tochter, bist Herrin über deine Entscheidungen. Du entscheidest auch über deine Gedanken.

Wenn deine Gedanken zügellos, widerspenstig und undiszipliniert sind, wirst du deine Kraft an leere Fantasien und törichte Gefühle verschwenden.

Pflege deine gottgegebene Kraft, stärke sie, indem du Samen der Wahrheit und der Weisheit in deine Gedanken pflanzt.

Die geheimen Gedanken, die du hegst, werden zu ihrer Zeit Frucht tragen: Sie werden entweder Zerstörung oder Segen hervorbringen.

Wenn du den Samen der Güte wählst, wirst du weitherzig belohnt werden, und wenn du Vergebung, Großzügigkeit, Respekt für andere Menschen pflanzt, wirst du Zufriedenheit ernten.

Wenn du deine Kraft einsetzt im Namen der Hoffnung und zu meinem Lob, im Namen des Glaubens und im Dienst der Liebe, wirst du meinen Segen erleben. Geistliche Erfüllung und innere Zufriedenheit wirst du ernten.

Gute neue Samen säen ~ fang heute damit an!

Sprüche 10,4; 2. Timotheus 1,7; 2. Korinther 9,6-12

Ich habe alles im Blick

Der HERR ist in seinem heiligen Tempel,
des HERRN Thron ist im Himmel.
Seine Augen sehen herab,
seine Blicke prüfen die Menschenkinder.

Psalm 11,4

Ich sehe selbstherrliche Menschen; Menschen, denen der Stolz an den Hälsen baumelt, deren feines Gewand aus Grausamkeit und Betrug gewoben ist. Sie wissen nicht, dass das Leben, das sie so selbstgerecht leben, nur ein Traum ist.

Sie werden einmal erwachen und zu ihrem Schrecken feststellen, dass sie nichts haben. Glänzend und fett gehen diese Stolzen jetzt eine bequeme Straße entlang, rühmen sich ihrer Reichtümer und Talente. Aber was bleibt davon?

Du aber, du bist von Neuem geboren. Das Leben, das du mit mir hier und heute lebst, ist kein Traum.

Du hast die herrliche Wahrheit gefunden.

Gräme dich nicht, lass dich nicht blenden, verwirren oder bestürzen vom Wohlstand der Missetäter. Mein Auge sieht alles, und nichts entgeht meinem Blick.

Ich habe dich erlöst und gerettet, und ich werde dich immer wieder retten.

Denke daran, ich habe alles im Blick.

Sprüche 21,6; Sprüche 17,2; 2. Thessalonicher 2,9-10; 2. Korinther 5,16-17; Jeremia 23,23-24

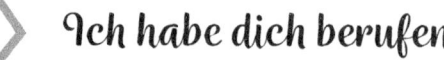

Ich habe dich berufen

Ich aber bin voll Kraft, voll Geist des HERRN,
voll Recht und Stärke.

Micha 3,8a

Du stehst heute am Beginn eines neuen Weges. Tauche ein in meine Liebe, lass dich umhüllen von meiner Liebe:

*Wohne in ihr, lebe durch sie,
lass sie dir vertraut werden.*

Liebe ist der Weisheit Anfang, und du brauchst Weisheit auf deinem Weg. Was immer du erlebst heute: Fühle mit, habe Mitleid, lass Barmherzigkeit walten. Sei dir bewusst, dass ich Gott bin.

Ich bin der, der dich lenkt. Ich bin der, der dich berufen

hat. Du bist für die Aufgabe, die vor dir liegt, nicht zu alt, zu unerfahren oder zu schwach. Du hast die Kraft.

Höre auf mein Wort in deinem Herzen. Erinnere dich selbst daran: „Ich vermag alles durch Christus, der mich mächtig macht" – bis du es wirklich verstehst.

Sprüche 4,19; Kolosser 3,12;
1. Timotheus 1,12; Philipper 4,13

Nimm meine Liebe an

Denn des HERRN Wort ist wahrhaftig,
und was er zusagt, das hält er gewiss.

Psalm 33,4

Meine Liebe ist die Kraft, die diese Welt und das Universum in all seiner Schönheit zusammenhält. Liebe ist im Herzen all dessen, was lebt.

Ich bin dein Schöpfer und der Schöpfer der Welt. Es ist töricht, meine Liebe abzulehnen. Nimm diese Liebe, und man wird mich in dir erkennen.

Meine Liebe führt zum Leben. Gehe stetig voran – lernend, immer mehr von mir lernend, immer dem Wesentlichen nach.

Du, geliebter Mensch, bist für andere wie ein offenes Buch, das von meiner Liebe spricht.

**Ich will dir meine Liebe
und mein wahres Wesen offenbaren.**

1. Johannes 4,16; 5. Mose 10,12–13; Psalm 32,8; Matthäus 6,33

Ich bin dein Leben

Denn ihr seid teuer erkauft;
darum preist Gott mit eurem Leibe.
1. Korinther 6,20

Was bedeutet dir dein Leben? Ist es dein „Himmel auf Erden", mir gewidmet, um mir zu gefallen? Lebst du mir zuliebe, mir zur Ehre, bereit, alles zu geben? Gilt deine Hingabe meiner Herrlichkeit?

Was sonst in der Welt kann dir diese Erfüllung geben, die du erfährst, wenn du mir zugewandt lebst, meinen Gefallen und meinen Willen suchst?

Die größte Wahrheit im Leben ist und bleibt:

Ich bin dein Leben.

1. Petrus 4,11; Apostelgeschichte 17,24-25

Entdecke meinen Willen

Deinen Willen, mein Gott, tue ich gern,
und dein Gesetz hab ich in meinem Herzen.

Psalm 40,9

Beurteile dein Leben niemals nach dem Maß der Zeit. Jesus war dreißig Jahre alt, als er öffentlich seinen Dienst begann, und dieser Dienst dauerte nur drei kurze Jahre. Als er am Kreuz starb, gab es noch immer Millionen unerreichter, unbelehrter, ungeheilter Seelen.

Aber durch sein heiliges Beispiel von Gehorsam und Liebe verherrlichte er mich vollkommen. Zeit ist nicht das Maß aller Dinge, ist nicht mein Maß: Ein Augenblick ist für mich wie tausend Jahre.

Deine Aufgabe ist es, meinen Willen zu entdecken und auszuführen, egal wie lange oder wie kurz es dauert.

Mein Sohn hat meinen Willen vollkommen erfüllt, unabhängig von Maßstäben wie Zeit.

Orientierung und Maßstab all deiner Ziele will ich dir geben.

Dein Fixpunkt bin ich ~
nicht die Arbeit, nicht die Zeit.

Dein Leben ist es, meinen Willen zu erfüllen. Und beide erleben wir dabei Freude und Erfüllung.

Psalm 143,10; Philipper 2,5;
Matthäus 26,42; Philipper 1,9-10

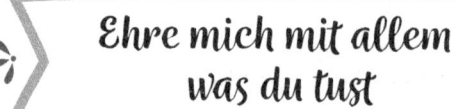

Ehre mich mit allem, was du tust

Ob ihr nun esst oder trinkt
oder was ihr auch tut,
das tut alles zu Gottes Ehre.

1. Korinther 10,31

Ob du bei einem Festmahl sitzt oder nur ein paar trockene Krumen vor dir hast – wenn du isst, iss bewusst! Und sei dir bewusst: Ich bin bei dir. Iss und mache mir Ehre damit.

Ob du exotische Kompositionen aus goldenen Bechern gereicht bekommst, oder ob du mit der hohlen Hand Wasser zum Trinken schöpfst – wenn du trinkst, trink bewusst! Und sei dir bewusst: Ich bin bei dir. Trink und mach mir Ehre damit.

Was immer du tust: Ob du schläfst, bis die Mittagssonne dein Bett wärmt, ob du noch vor dem Morgengrauen aufstehst; ob du rund um die Uhr arbeitest und nichts verdienst außer der Freude an der Arbeit; ob du mit dem Mond tanzt und mit den Sternen singst; ob du dem Kranken Suppe bringst oder dem Armen Brot – was immer du tust, tu es bewusst.

Tu es für mich.
Und mach mir Ehre damit.

Arbeite, spiele, lache, weine … und liebe mich – zuallererst.

Römer 14,6-8

Ein Licht in der Welt

Ihr seid das Licht der Welt.
Es kann die Stadt, die auf einem Berge liegt,
nicht verborgen sein. Man zündet auch nicht
ein Licht an und setzt es unter einen Scheffel,
sondern auf einen Leuchter;
so leuchtet es allen, die im Hause sind.
So lasst euer Licht leuchten vor den Leuten,
damit sie eure guten Werke sehen
und euren Vater im Himmel preisen.

Matthäus 5,14-16

Meine Kinder sind das Licht der Welt.

Stell dir all die großen Städte dieser Welt mit all ihrem hellen Glanz vor – und auf einmal verlöscht alles Licht.

Ich bin in euch. In der Gemeinschaft meiner Kinder:

Mein Heiliger Geist erfüllt euch, entflammt euch, erhellt euch wie ein immerwährendes Licht.

In euch, in eurem Miteinander wird man mich erkennen, meinen Glanz im Widerschein eures Lichts.

Schätze dich glücklich!

Du gehörst zum Licht und alle Welt kann es sehen. Freue dich, dass eure guten Werke gesehen werden, und dass ich, dein Vater, in euch erkannt werde. Ich bin stolz auf dich und alle meine Töchter und Söhne. Gemeinsam seid ihr das Licht der Welt.

Matthäus 5,13-16; Psalm 43,3-4;
Apostelgeschichte 13,47; Philipper 2,14-16

Gib mir deine Lasten

Und der Geist und die Braut sprechen:
Komm! Und wer es hört, der spreche: Komm!
Und wen dürstet, der komme; wer da will,
der nehme das Wasser des Lebens umsonst.

Offenbarung 22,17

Das Wort, das ich zu jeder lebendigen Seele spreche, ist: „Komm." Ich möchte die Lasten tragen, die so schwer auf deinen Schultern liegen. Ich möchte dich die Gabe zu rasten lehren: in meine Güte einzutauchen, so wie du an einem heißen Tag in einen kühlen See steigst und dich erfrischst.

Der Mensch, der seine Sorgen und Lasten nicht loslässt und abgibt an mich, wird tiefe Erschöpfung erleben.

Wenn du doch nur mit jeder Last zu mir kommen würdest! Dein Leben würde sich entfalten wie eine Blume in der Sonne, und du würdest dich freuen an dem, was ich werden lassen kann.

Komm: Gib mir deine Sorgen.

Komm: Gib mir deine Sünden.

Komm: Gib mir deine Lasten.

Ich werde deiner Seele Rast geben, und das wird so süß sein wie Honig, so wohltuend, dass es – wann immer du es brauchst – deinen Geist erfrischt und erneuert.

Matthäus 11,28; Jesaja 55,1;
Psalm 26,3; Matthäus 11,29-30

Nah bei mir

Denn ich bin der HERR, dein Gott,
der deine rechte Hand fasst
und zu dir spricht:
Fürchte dich nicht, ich helfe dir!

Jesaja 41,13

Du kannst glücklich sein, meine Tochter – nicht, weil du keine Probleme hast, sondern weil ich dir auch in Problemen und in schwierigen Zeiten begegne.

Selbst wenn es um dich herum überall Probleme gibt – nah bei mir musst du nicht verzagen. Auch wenn hinter jedem Baum ein Wolf wartet, bereit, deine Herde anzufallen – nah bei mir wirst du nicht verzweifeln.

Nah bei mir wird das Lied, das du singst, kein Lied der Niederlage sein; und die Sorge kein ständiger Wegbegleiter.

Nah bei mir wirst du nicht mit Rachegedanken erwachen und Ärger wird dich nicht überwältigen.

Nah bei mir wirst du das Leben mit all seinen Fallen und Schwierigkeiten bewältigen – durch meine Liebe und Weisheit.

Nah bei mir wirst du in der Dunkelheit leuchten. Wandle in der Wahrheit!

Nah bei mir wirst du leben.

Und eines Tages wirst du mein Angesicht sehen,
so wie du jetzt dein eigenes sehen kannst.

2. Korinther 4,8; Psalm 55,23;
Sprüche 20,22

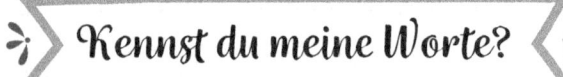

Kennst du meine Worte?

Himmel und Erde werden vergehen;
aber meine Worte werden nicht vergehen.

Lukas 21,33

Kennen und erkennen. Kenntnis und Erkenntnis. Das hängt zusammen.

Es ist gut, wenn du mein Wort gut kennst.

Wenn das Licht der Erkenntnis durch mein Wort zu dir kommt, dann wächst daraus Glaube.

Bete um Erleuchtung, damit die Heilige Schrift dir lebendig wird und dir zum Leben hilft, damit dein ganzes Sein von meinen Gedanken und meinem Willen erfüllt wird.

Dein Glaube wird wachsen, wird sich vermehren, wenn er durch mein Wort entzündet wird.

Mein Wort ist Geist und Leben.

Lass dir mein Wort kostbarer sein als dein tägliches Brot. Und mein Wort wird die Freude deines Herzens sein.

Johannes 6,63; Hiob 23,12; Jeremia 15,16

Mein Wort bleibt

Das Gras verdorrt, die Blume verwelkt,
aber das Wort unseres Gottes bleibt ewiglich.

Jesaja 40,8

Mein Wort ist ewig und steht fest in den Himmeln.

Himmel und Erde werden vergehen, aber meine Worte werden nicht vergehen.

Mein Wort ist voller Licht. Es will durch deine Gedanken, deine Seele und deinen Körper strahlen und durch dich leuchten.

Es ist meine Herrlichkeit, die deine Seele nährt: vollkommen, ganz, heil. Sie verändert dich, Wahrheit für Wahrheit, und verwandelt dich immer mehr in mein Bild.

Komm zu mir, sei mir nah – durch mein Wort. Lies. Versteh. Widme dich mir, widme dir jeden Tag etwas Zeit zum Lesen in den Schriften.

Ich werde dich beschenken. Ich will dich nicht nur führen. Ich will dich mit Zuversicht umgeben, dich mit Erkenntnis stark machen.

**Mein Wort ist wie ein Licht in der Nacht,
das deinen Weg erleuchtet.**

**Und es bleibt dein Licht
bis ans Ende deiner Tage.**

Psalm 119,89; Matthäus 24,35; Psalm 119,105

Strahle meine Liebe aus

So nehmt nun diese Worte zu Herzen
und in eure Seele
und bindet sie zum Zeichen auf eure Hand
und macht sie zum Merkzeichen
zwischen euren Augen.

5. Mose 11,18

Wie bleibst du auf guten Wegen, wie bist du lauter, echt, rein und klar? – Indem du meinem Wort gemäß lebst.

Und wie kennst und verstehst du mein Wort? – Nur dadurch, dass mein Geist es erhellt und erleuchtet. Nur so kannst du oder ein anderer Mensch die Kraft und Tiefe meines Wortes kennenlernen und erleben.

Mein Wort wird lebendig durch meinen Geist. Es verwandelt den Unwissenden und den Stolzen; es schenkt Weisheit, wo vorher nur Dumpfheit war.

Mein Wort macht dich rein und schön und strahlend.

Komm zu mir, zu meinem Wort,
und bade in Liebe.

Römer 10,8; Psalm 119,9; Psalm 19,8; Johannes 15,3

Ich will dir Weisheit geben

Wenn es aber jemandem unter euch an
Weisheit mangelt, so bitte er Gott,
der jedermann gern und ohne Vorwurf gibt;
so wird sie ihm gegeben werden.

Jakobus 1,5

Ein weiser Mensch ist der, der Verständnis und Barmherzigkeit hat. Ein weiser Mensch hat Mitleid und trachtet
danach, die Wege anderer Menschen zu verstehen.

**Wenn du weise sein willst,
dann setze Kraft ein für das Wohl anderer.**

Du sehnst dich nach meinem Geist, nach tiefem Verständnis der Dinge. Und sei gewiss: Ich sehe dich, höre dich. Ungezählt sind meine Worte an dich, meine Gedanken an dich, meine Tochter, ungezählt wie die Sandkörner am Meer.

Die Wege der Weisheit will ich dich lehren. Leise und zärtlich will ich dich führen und vertraut machen mit der vollkommenen Weisheit und der Liebe, die von mir kommt.

Sprüche 4,5-10; Apostelgeschichte 20,35;
1. Petrus 4,11; Jeremia 29,11

Lass meinen Geist in dir wirken

Wer darf auf des HERRN Berg gehen,
und wer darf stehen an seiner heiligen Stätte?
Wer unschuldige Hände hat
und reinen Herzens ist,
wer nicht bedacht ist auf Lüge
und nicht schwört zum Trug.

Psalm 24,3-4

Lauter, echt, rein und klar – so sollst du sein, für mich. So sollst du vor mir stehen und vor den Menschen.

Ich sehe dein Kommen und Gehen. Ich achte auf dich wie eine Henne auf ihre Küken. In meine Hand habe ich dich gezeichnet, und wo immer du hingehst – ich bin bei dir.

Lass deine Seele sich freuen an den Wegen von Ehrlichkeit und Aufrichtigkeit.

Mein Geist ist wie ein großes, verzehrendes Feuer. Er leitet dich. Er führt dich sacht und zeigt dir, was recht ist zu tun. Es gibt nichts Verborgenes, das nicht offenbar werden wird. Es gibt nichts Verstecktes, das nicht bekannt werden wird.

Deine Fehler sollst du nicht verheimlichen. Schau ihnen ins Angesicht, und dann gib sie mir, dass ich dich reinwaschen kann.

So werde ich dir helfen,
einen starken Charakter zu entwickeln.

Lass meinen Geist und mein Wort dein Lehrer und Arzt sein.

Lukas 12,2; Epheser 5,11; Psalm 19,9-13

Zeige Mitgefühl

So zieht nun an als die Auserwählten Gottes,
als die Heiligen und Geliebten,
herzliches Erbarmen, Freundlichkeit,
Demut, Sanftmut, Geduld;
und ertrage einer den andern
und vergebt euch untereinander,
wenn jemand Klage hat gegen den andern;
wie der Herr euch vergeben hat,
so vergebt auch ihr!

Kolosser 3,12-13

Ein Mensch ohne Mitgefühl ist wie ein Brunnen ohne Wasser, wie eine Schale voller Staub für den Durstigen.

Ein Mensch ohne Mitgefühl ist wie ein Sack Nägel auf ein weiches Bett gestreut.

Webe Mitleid und Mitgefühl fest in dein Herz.

Mitgefühl ist Liebe.

Und Liebe stößt nicht zurück und schiebt nicht beiseite. Sie weist nicht feindselig zurecht. Sie ist nicht grob. Mitgefühl richtet nicht voller Härte und verdammt nicht schnell.

Meine Gnade zeigt sich in Christus. Meine Barmherzigkeit – in Christus. Mein Mitleid und Mitgefühl – in Christus.

Um dir all das zu geben, kam Christus.

Matthäus 25,35-40; Sprüche 19,17;
Hebräer 2,16-17; Psalm 145,9

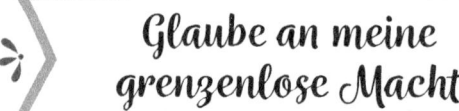

Glaube an meine grenzenlose Macht

Da berührte er ihre Augen und sprach:
Euch geschehe nach eurem Glauben!

Matthäus 9,29

Ich möchte, dass du dir der unbegrenzten Kraft, zu der du Zugang hast, wenn du im Glauben lebst, bewusst bist.

Der Glaube, der an dir sichtbar wird, zeigt Christi Vorherrschaft über alles.

Glaube ist der Beweis für die Auferstehung meines Sohnes und für die Wirklichkeit des Evangeliums.

Glaube wächst, wird weiter und größer, wenn wir ihn ausleben. Glaube ehrt mich, weil er meine Versprechen wertvoll erachtet und ihnen glaubt.

Durch denselben Geist, der Christus von den Toten auferweckt hat, trägst du in dir die Kraft, mächtige Taten des Glaubens zu vollbringen.

Versage es dir nicht, die Kraft der Wunder in deinem Leben und in deiner Welt zu erleben.

Sage niemals, du hättest nicht genug Glauben:

Alles was du brauchst,
ist Glaube von der Größe eines Senfkorns.

Lebe deinen Glauben wie zum ersten Mal!

Ich beauftrage dich: Geh in die Welt. Und bete für das, was unmöglich scheint. Vertraue mir, dass ich antworte.

Glaube mir! Glaube und versetze Berge mit mir. Mache mir die Freude. Sei ein Glanzlicht.

Jakobus 2,17; Matthäus 25,14-29; Matthäus 17,20; 2. Chronik 20,20; Markus 22,22; Johannes 6,28-29; Hebräer 11,6

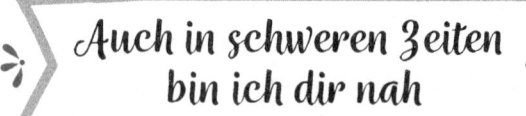

Auch in schweren Zeiten bin ich dir nah

Der Herr ist gütig
und eine Feste zur Zeit der Not
und kennt, die auf ihn trauen.

Nahum 1,7

Meine Tochter, wenn deine Zukunft dir trüb erscheint und du nicht auf ein besseres Morgen zu hoffen vermagst, dann konzentriere dich auf mich:

Ich bin dein Vater, der dich liebt.
Ich bin gut zu dir.

Lass dich nicht von deinem schweren Herzen bedrücken; ich bin dein Vater, der dich liebt. Und ich bin gut zu dir.

Meine Güte umgibt dich. Sie geht dir voraus und sie folgt dir. Halte Ausschau nach meiner Liebe. Ich überschütte die Welt damit, sie fließt in jeden Winkel.

Vielleicht lässt du den Kopf traurig hängen, vielleicht sind deine Hände erschlafft. Du siehst es vielleicht gerade nicht, aber du stehst genau vor mir, inmitten himmlischer Güte, die auf dich wartet. Erhebe deinen Blick! Schmeck und sieh!

Ich bin dein Vater, und ich liebe dich aufrichtig, bin gut zu dir.

In Freud und Leid bin ich nahe bei dir. In süßen Stunden und in Sorgen bin ich gut zu dir. Im Leben und im Tod bin ich gut zu dir.

Vergiss sie nicht, meine allumfassende Güte, und denk an mich!

Psalm 25,8-9; Psalm 33,4-5; Psalm 34,9

Hilf anderen ihre Lasten zu tragen

Einer trage des Anderen Last,
so werdet ihr das Gesetz Christi erfüllen.

Galater 6,2

Wie schwer ist deine Last? Kannst du trotz deiner eigenen Last einem anderen etwas von seiner Last abnehmen?

Wenn du klagst, dass die Last der Schwierigkeiten wie ein schwerer Vorhang auf dir liegt, dass du meine Güte nicht fühlen kannst – wenn du klagst, dass du nichts zustande bringst – kannst du dann einem anderen helfen?

**Du bist niemals so hilflos,
dass du nicht helfen kannst.**

Du bist niemals zu lahm, einen anderen zu tragen, niemals zu blind, einem anderen zu helfen, den richtigen Weg zu finden, niemals zu schwach auf den Beinen, einem anderen von meiner unglaublichen Liebe zu erzählen.

Trotz deiner Klagen segne ich dich immer, liebe und beschütze dich.

Judas 22-23; Apostelgeschichte 20,35

Komm zur Ruhe

Denn so spricht Gott der HERR,
der Heilige Israels:
Wenn ihr umkehrtet und stille bliebet,
so würde euch geholfen;
durch Stillesein und Vertrauen
würdet ihr stark sein.
Aber ihr habt nicht gewollt.

Jesaja 30,15

Lass dein Herz zur Ruhe kommen, meine Tochter. Höre, wonach es dein Herz und mein Herz verlangt.

Höre, wie unsere Gedanken zu einem werden, eine vollkommene Einheit bilden.

Mit mir wirst du ungeahnte Freude in den kleinsten Dingen des Lebens entdecken. Nichts ist für mich unbedeutend.

Höre, wonach mein Wille sucht für diesen neuen Tag.

Ein rastloses Herz verlangt nach großen und monumentalen Erlebnissen.

Höre auf die stillen Dinge.
Liebe das Einfache.

Ich arbeite langsam und vollende das, was ich angefangen habe, in dir.

Wenn du den Moment nicht liebst, der fast unmerklich kommt und geht, dann werden dich Ungeduld und Enttäuschung gefangen nehmen.

Denn es braucht seine Zeit, es braucht Jahre der Disziplin, um ein sterbliches Wesen in ein unsterbliches zu verwandeln.

Erfreue dich an jedem Moment. Er ist ein Geschenk.

Psalm 4,4; Johannes 15,11; Philipper 1,6;
4. Mose 9,8; Römer 2,7

Lebe im Heute

Denn er spricht (Jesaja 49,8):
„Ich habe dich zur willkommenen Zeit erhört
und habe dir am Tage des Heils geholfen."
Siehe, jetzt ist die willkommene Zeit,
siehe, jetzt ist der Tag des Heils!

2. Korinther 6,2

Dein Dich-Sorgen-um-die-Zukunft ist wie starker Dauerregen bei einer aufblühenden Blume: Bald wird der dauernde Guss deinen Kopf beugen, du wirst deinen Duft einbüßen und du wirst verwelken, durchnässt sein und Blätter verlieren.

Diesen Zustand hast du dir selbst zugezogen. Dein Sturm der Sorge kam nicht von mir. Möchtest du diesen Sturm nicht beenden? Möchtest du nicht heute leben?

Du mühst dich ab, um die Ereignisse des Lebens zu lenken, doch all deine Anstrengungen bringen dir nur Enttäuschung und Verzweiflung. Du merkst: Du kannst das Leben nicht kontrollieren. Du kannst mich nicht kontrollieren.

Du kannst aber den Sinn, die Ziele, die Absichten Christi kennen, wie wohl du den Sinn Christi auch nicht kontrollieren kannst.

Überlasse mir das Morgen, geliebte Tochter!

Vertraue mir.
Höre auf mich.
Und lebe im Heute.

Matthäus 6,26; Jakobus 4,2c; 1. Korinther 2,16

Preise mich

Herr, tue meine Lippen auf,
dass mein Mund deinen Ruhm verkündige.

Psalm 51,17

Wenn du das Gute, das ich für dich habe, annimmst und wenn du dann ganz zufrieden und erfüllt bist –

dann preise mich.

Preise mich im Stillen und mit Ehrfurcht. Preise mich mit dankbarem Flüstern. Preise mich fröhlich mit Musik und Gesang. Preise mich mit Trompete und Saite, mit Tanz und Trommel.

Preise mich, den Herrn und Schöpfer, mit all deiner schöpferischen Kraft.

Ich habe die Tore für dich geöffnet. Gehe du nun voran,

als ob du eine lange Prozession geschmückter und reich gekleideter Heiliger anführen würdest. Schreite die runden, großen Säulen entlang, die goldene Promenade hinunter und komm in meinen heiligen Hof mit Dankbarkeit und Preis.

Tanz, Gesang und Glück erfüllen mein Haus, wenn dein Preis mein Herz erfüllt und meine Freude den Himmel und die Erde erfüllt.

5. Mose 8,10; Psalm 33,3; Psalm 100,4

Ich habe dir das Leben gegeben

Du hast mich aus meiner Mutter Leibe gezogen;
du ließest mich geborgen sein
an der Brust meiner Mutter.
Auf dich bin ich geworfen von Mutterleib an,
du bist mein Gott von meiner Mutter Schoß an.

Psalm 22,10-11

Du bist eine Königstochter.

Der Tag deiner Geburt ist ein besonderer Tag für mich. Als ich deine Geburt bestimmte, habe ich viele Dinge in Betracht gezogen: den Zeitpunkt, das Klima, die Ereignisse des Tages, die Leben der Menschen, deren Welt du teilen wirst.

All diese Dinge habe ich in Betracht gezogen und dich schlussendlich in die Welt gesandt, um zu sein, um deinen Platz unter den Lebenden einzunehmen und deine Tage für mich zu leben.

Ich habe dir bewusst das Leben gegeben, das du hast, um die Pläne zu erfüllen, die ich mit dir habe.

Du wurdest nicht zu früh geboren oder zu spät. Du wurdest genau zum richtigen Zeitpunkt geboren.

Ich habe genau den Tag, die Stunde und den Moment bestimmt, an dem du auf die Welt kommen würdest – klein, blinzelnd und nass. Kannst du die Engel und ihr Willkommenslied noch hören? Sie singen deinetwegen – auch heute und jeden Tag des Jahres.

Ich bin dein himmlischer Vater, der dir dein Leben gegeben hat, und ich schicke dir einen Gruß wie einen sanften Kuss auf die Stirn – alles Gute zum Geburtstag!

Prediger 3,2; Jesaja 44,2; Jesaja 43,7

Zeige mir deine Wunden

Der Herr verzögert nicht die Verheißung,
wie es einige für eine Verzögerung halten;
sondern er hat Geduld mit euch
und will nicht, dass jemand verloren werde,
sondern dass jedermann zur Buße finde.

2. Petrus 3,9

Christus kommt sichtbar wieder. Und mit ihm die neue Welt ohne Leid, ohne Schmerz ohne Ungerechtigkeit. Verliere das nicht aus dem Blick!

Und bis dahin bin ich weiter für dich da. In dieser Welt voller Leid und Schmerz und Ungerechtigkeit.

Zeige sie mir, deine Wunden, geliebte Tochter!

Mache dich und dein Leben an mir fest, und ich werde dir wohl tun und dich innerlich erneuern. Wie Balsam werde ich innere Stärke in dir ausgießen.

Lebe ein beflügeltes Leben, über, nicht unter den Sorgen, die dich niederdrücken wollen.

Du hast Freude zu erwarten!

Zähle sie nicht länger, die Narben, zähle lieber die Gebete, die ich entlang des Weges schon beantwortet habe.

Sei tapfer. Deine Herrlichkeit, deine Kraft und deine Ausstrahlung kommen von mir – das ist deine Stärke.

Jesaja 41,10; Psalm 36,6-8;
Psalm 57,2; Psalm 3,4

Ich halte dich

Siehe, in die Hände habe ich dich gezeichnet;
deine Mauern sind immerdar vor mir.

Jesaja 49,16

Ich halte dich in meiner Hand. Dieser geheime, heilige Platz bei mir kann dein Zuhause sein – wenn du dich dafür entscheidest.

Tag und Nacht kannst du kommen, zur Ruhe kommen, ausruhen in meiner Hand, wo kein Sturm und keine Erschütterung dir etwas antun können.

Auszuruhen, geborgen und sicher zu sein – das ist der Traum aller Menschen. Sie sind auf der Suche – nach mir, auch wenn manche nicht wissen, dass ihre Suche nach Schutz eine Sehnsucht nach mir ist.

Meine Hand ist ausgestreckt, immer offen für dich.

Dein Platz bei mir ist sicher, ist dein Zufluchtsort. Einen sichereren Ort als diesen gibt es nicht.

Johannes 10,28; Psalm 91,10-13; Psalm 18,36; Psalm 75,9; Offenbarung 3,8; Jesaja 25,4

Freue dich

Wohl dir, du hast's gut.

Psalm 128,2b

Komm mit mir, komm zu mir, geliebte Tochter! Du bist eine Königstochter. Hier bei mir kannst du lachen und frei sein! Schlafe und ruhe aus, freue dich am Wohlklang der Zufriedenheit.

Wie viel Freude haben wir miteinander zu genießen. Ich liebe nicht nur die Arbeit, die du in meinem Namen tust, ich liebe es auch, dich bei der Erholung zu sehen.

Freu dich am Vergnügen, geliebte Tochter.

Spiele so, als stündest du direkt vor mir, spiele mit Lust und von ganzem Herzen! Dein strahlendes Gesicht wird für alle, die mit dir spielen und ausruhen, ein Segen sein.

Ich freue mich an allem, was du tust, und wenn du das Ausruhen nötig hast, dann biete ich dir, was du brauchst: geistige Erfrischung, körperliche und geistliche Entspannung – zu deiner Erholung.

Nimm nicht immer alles so schwer! Bewahre dir einen gesunden Humor. Schärfe deinen Verstand. Sei innerlich und äußerlich beweglich! Pflege die Fähigkeit, dich entspannen und freuen zu können.

Und bleibe bei alldem offen für mich. Du weißt, ich erfreue mich an allem, was du tust – nicht nur an deiner Arbeit.

1. Timotheus 6,6; Hebräer 4,1;
2. Mose 33,14; Matthäus 11,28

Sorge für Leib, Seele und Geist

Habt ihr etwa vergessen,
dass euer Körper
ein Tempel des Heiligen Geistes ist,
der in euch wohnt
und den euch Gott gegeben hat?
Ihr gehört also nicht mehr euch selbst.

1. Korinther 6,19

Dein Körper hat Bedürfnisse. Dein Körper ist darauf ange-
wiesen, dass du dich bewusst um ihn kümmerst.

Du sagst vielleicht: „Was bringt das schon?" oder: „Es
gibt Wichtigeres!" Wenn du das denkst, hast du mich
missverstanden.

Ohne bewusste körperliche Bewegung wird es dir auf
Dauer nicht gut gehen. Dein Körper wird nämlich Man-

gelerscheinungen haben, er wird leicht verletzbar und schwach, wenn du ihn vernachlässigst.

Vergiss nicht, dein Körper ist alles, was du hast,
um deiner Seele und deinem Geist
ein Zuhause zu geben.

Ich habe gesagt, dass du wie ein Baum sein kannst, der an Wasserbächen gepflanzt ist. Ein starker Baum will genährt sein, bewässert und gepflegt.

Lebe nicht, um deinen Körper zu verherrlichen, aber lebe, um mich in deinem Körper zu verherrlichen.

Denke doch nicht, bewusste Bewegung und Fitness könnten dem Tempel, den ich dir zum Leben gegeben habe, schaden!

Finde heraus, welche Art von Bewegung zu dir passt, dir Wachheit und Frische schenkt, meine Tochter. Sei dir bewusst, dass ich auch darin mit dir bin – und freue dich daran.

Philipper 1,20; Psalm 1,3; 2. Timotheus 4,7b

Bibelstellenregister

5. Mose
5. Mose 6,5 70
5. Mose 11,18 158

Hiob
Hiob 37,14 82

Psalm
Psalm 11,4 136
Psalm 22,10-11 178
Psalm 24,3-4 162
Psalm 33,4 140
Psalm 33,5b 62
Psalm 40,9 144
Psalm 46,11a 16
Psalm 51,17 176
Psalm 55,23 60
Psalm 57,2 66
Psalm 57, 3 26
Psalm 59,17-18 100
Psalm 73,28 84
Psalm 104,33 42

Psalm 107,20 32
Psalm 121,1-4 98
Psalm 125,1 10
Psalm 126,2-3 96
Psalm 128,2b 184
Psalm 138,7 64
Psalm 143,10 130

Sprüche
Sprüche 4,7 116
Sprüche 8,32-35 .... 80, 134
Sprüche 16,2 74
Sprüche 17,14 124
Sprüche 27,10 110

Prediger
Prediger 3,11 128
Prediger 7,9 102

Hoheslied
Hoheslied 4,1a 8

Jesaja

Jesaja 30,15.............................. 172
Jesaja 40,8 156
Jesaja 41,10...............................72
Jesaja 41,13.............................. 152
Jesaja 43,2-3a...........................68
Jesaja 49,16.............................. 182
Jesaja 51,6 18
Jesaja 54,10...............................78
Jesaja 54,15.17a.......................12
Jesaja 55,12a 88
Jesaja 58,6 54
Jesaja 58,9a 108
Jesaja 60,1 120
Jesaja 61,1 28
Jesaja 62,4 44

Hosea

Hosea 10,12............................ 118

Micha

Micha 3,8a............................... 138

Nahum

Nahum 1,7............................... 168

Matthäus

Matthäus 5,14-16................ 148
Matthäus 9,29....................... 166

Markus

Markus 10,43b 94

Lukas

Lukas 12,31 46
Lukas 21,33 154

Johannes

Johannes 15,11........................14

Apostelgeschichte

Apostelgeschichte 1,8 104
Apostelgeschichte 3,19-20...16
Apostelgeschichte 20,24.....22

Römer

Römer 6,11 92
Römer 8,15 52
Römer 8,24 114

1. Korinther

1. Korinther 6,19 ....34, 186
1. Korinther 6,20 142
1. Korinther 10,31............... 146
1. Korinther 13,4-7...............56

2. Korinther

2. Korinther 5,17 86
2. Korinther 6,2..................... 174

Galater

Galater 5,16 112
Galater 6,2 170

Philipper

Philipper 1,2 30
Philipper 3,13b-14 126
Philipper 4,19 50

Kolosser

Kolosser 3,12-13 164

1. Timotheus

1. Timotheus 5,8 132
1. Timotheus 6,6 122

Titus

Titus 2,12 58

1. Petrus

1. Petrus 3,13 40
1. Petrus 3,15b-17 36
1. Petrus 4,8b 38

2. Petrus

2. Petrus 3,9 180

1. Johannes

1. Johannes 3,19-20 76

Hebräer

Hebräer 9,14 90
Hebräer 11,6 24
Hebräer 12,14 106

Jakobus

Jakobus 1,5 160
Jakobus 3,5 48

Offenbarung

Offenbarung 21,6 20
Offenbarung 22,17 150

Hat dir das Buch gefallen?
Schreibe es uns auf www.brunnen-verlag.de
Deine Meinung zählt!

Anne Löwen

So geliebt bist du
Sofapausen mit Jesus

224 Seiten, Flexcover
ISBN 978-3-7655-0699-4

„Wie sehr du geliebt bist" ... davon erzählen Anne Löwens einfühlsame Briefe aus der Sicht von Jesus. Ihre persönlichen Ermutigungen zeigen, wie du ihm auch in Krisenzeiten vertrauen kannst.

„So geliebt bist du" ist ein Buch, das das Potenzial einer Ermutigungstankstelle im Alltag hat.
Stefanie Böhmann (in der Family Sept./Okt. 2019)

BRUNNEN VERLAG GIESSEN
www.brunnen-verlag.de